留学生と中学生・高校生のための
日本史入門

信長から安保法制まで

庵　功雄　著

晃洋書房

まえがき
―― 日本の近現代史を学ぶ意義(1) ――

　この本は，日本の近現代史の流れを概観した教科書です．
　この本は，留学生のみなさん，中学生・高校生のみなさんに次のことを伝えるために書きました．
　第一は，今の日本を知るための歴史的知識を持つということです．
　今の日本は一朝一夕に成立したわけではなく，歴史的経緯を経て，今の日本になったわけです．その過程を知ってほしいと思います．
　第二は，日本事情に関する知識を持つということです．
　現代の日本で生活したり，日本語で書かれたものや話されたものを理解したりするのに歴史的な背景を持つ前提知識が必要になる場合があります．こうした日本事情的な知識を知ってもらうために，この本では「歴史とことば」というコーナーを設けています．
　第三は，歴史的な記述に使われる表現に慣れるということです．
　この点に配慮して，この本では「時代の流れ」「コラム」の記述を特にやさしい書き方に直してはいません．留学生や中学生・高校生の方にはやや難しい表現が出てくるかもしれませんが，そうしたものについては，「重要な読み方」で取り上げている漢字の読み方を参考に，辞書などで意味を確認してください．

　歴史を学ぶことにはいくつかの意義があると思いますが，ここでは，2つの点を挙げたいと思います．
　1点目は，過去の事実を伝えていくということです．
　2点目は，過去の歴史に学ぶということです．
　1点目についてですが，過去の出来事を伝えていくことは難しいことです．例えば，私が生きてきた約50年間のことをとっても，その時代の「空気」を，

その時代を生きていない人に伝えることは難しいことです。

　私とほぼ同世代の歌手に尾崎豊（1965-1992）がいます。1983年に尾崎が発表した「15の夜」という曲は，この当時の「空気」をよく伝えていると思います。その中に次のようなフレーズが出てきます。

　　超高層ビルの上の空届かない夢を見てる
　　やりばのない気持ちの扉破りたい
　　校舎の裏煙草をふかして見つかれば逃げ場もない

　　　　　　　　　（尾崎豊「15の夜」，JASRAC 出1600810-601）

　ここには，「届かない」「やりばのない」「逃げ場もない」と「ない」が3回続けて出てきますが，この否定の繰り返しが，この時代の「閉塞感」をよく表していると思います。

　1983年当時，米ソの対立が高まっていました。1979年のソ連によるアフガニスタン侵攻に抗議して，1980年のモスクワオリンピックを日本を含む西側諸国がボイコットし，それに対する報復として，1984年のロサンゼルスオリンピックを東側諸国がボイコットします。また，ソ連共産党書記長が高齢かつ病気で次々に交代し，ソ連の政情が不安定になっていました。一方，アメリカでは「強いアメリカ」を主張するレーガン大統領の下，軍拡が進み，米ソの緊張が高まっていました。

　1985年にNHKが「21世紀は警告する」という大型ドキュメンタリー番組を放送しました。その番組の「エピローグ」の中で，日本，アメリカ，インド，アルジェリアの大学2年生800人を対象にしたアンケートを行っています。その結果（の一部）は次の通りです。

　　質問：21世紀までに核戦争が起こると思いますか？
　　「はい」の割合（％）
　　　日本 14　アメリカ 16　インド 55　アルジェリア 52

質問：核戦争が起こったとき，あなたは生き残れると思いますか？
「いいえ」の割合（％）

　　日本 77　アメリカ 81　インド 51　アルジェリア 49

　この数字から当時の世界の状況がわかると思いますが，冷戦が終わった後に生まれたみなさんにはピンとこない数字かもしれません．
　そうした国際情勢だけが理由ではなかったでしょうが，日本でもこの当時，「校内暴力」が多発しました．その背景に，若者が感じていた「閉塞感」があったことは，その時代に育った私の「皮膚感覚」からもわかります．しかし，そうした感覚が共有されなくなった現在，それを伝えるのは困難です．

　1983年当時の「皮膚感覚」を尾崎の歌詞がよく伝えてくれているように，その時代の資料がその時代の感覚を伝えてくれることがあります．次の例は，太平洋戦争終戦当時15歳だった漫画家サトウサンペイさんの体験です．

　　（戦後最初に登校した日の経験）
　「先生が入ってきて，戦後1本目のチョークで，音がいいんだよ，カタカタカタカタ．書いた字が何か知らないけど4文字，民主主義だった．
　『今までの軍国主義はなくなった』『帝国主義はなくなりました』なんて言われると，どんな主義だって信用しなくなるよ．哲学とか人間のものの考え方のほうが，もっと大事だと思った．三太郎も結局そうかもしれない．」
　　＊フジ三太郎：サトウさんが朝日新聞に連載した4コマ漫画の主人公の名前
　　　　　　　　　　　　　　　「NHK おはよう日本」2013年6月13日
（http://www.nhk.or.jp/ohayou/marugoto/2013/06/0613.html，2016年2月10日閲覧）

　このサトウさんの証言から，「敗戦」とそれに続く価値観の大転換の中で，その当時多感な少年少女時代を過ごした世代の人々が「大人」に対してどのよ

うな感情を抱いたのかがわかります（偶然ですが，上で引用した尾崎の曲にも「心のひとつも解りあえない大人達をにらみ」と「大人」ということばが出てきます）．

　もう1例，挙げてみましょう．

　「遠い夜明け」（原題 Cry Freedom）という映画があります．1987年にイギリスで公開され，日本でもその直後に公開されました．南アフリカのアパルトヘイト（人種隔離政策）に反対する運動で命を落とした黒人活動家と，それを支援した白人記者の交友を描いた作品で，私も公開直後に見て，深い感動を受けました．しかし，この映画が公開された当時，その7年後に，南アフリカでアパルトヘイトが廃止され，黒人のネルソン・マンデラが大統領に選ばれるということを予想した人はほとんどいなかったはずです．

　この本では，こうした過去の証言をできるだけ取り上げ，みなさんに歴史を「皮膚感覚」としてとらえてもらえるように工夫しています．

　2点目については，「あとがき」でお話ししたいと思います．

目　次

まえがき
　　——日本の近現代史を学ぶ意義(1)——

1　戦国時代から織豊時代へ　(1)
　〈歴史とことば〉　敵に塩を送る／信長の草履取り／三日天下

COLUMN 1　人名の読み方
COLUMN 2　ポルトガル語から入ったことば

2　幕藩体制の成立と展開　(9)
　〈歴史とことば〉　天下分け目の関ヶ原／鳴かぬなら／この紋所が目
　　　　　　　　　に入らぬか／踏み絵／大岡裁き

COLUMN 3　忠臣蔵
COLUMN 4　「一所懸命」と「一生懸命」
COLUMN 5　二枚目と三枚目

3　幕藩体制の動揺から開国へ，
　　　江戸時代の社会と文化　(19)
　〈歴史とことば〉　白河の水の清きに／黒船／江戸時代の俳人と有名な作品

COLUMN 6　部落差別〜七分の一の命〜
COLUMN 7　黒船と捕鯨
COLUMN 8　『蘭学事始』と適塾

4　幕末の動乱から明治維新，文明開化へ (29)
〈歴史とことば〉　錦の御旗／勝てば官軍，負ければ賊軍／東京

COLUMN 9　ワシントンの子孫はどこにいる？
COLUMN 10　不平等条約の改定

5　自由民権運動から憲法制定，アジアへの進出 (37)
〈歴史とことば〉　散切り頭をたたいてみれば文明開化の音がする／
　　　　　　　　板垣死すとも自由は死せず

COLUMN 11　天は人の上に人を造らず人の下に人を造らず
COLUMN 12　標準語の制定と方言札
COLUMN 13　東洋のルソー　中江兆民

6　大正デモクラシー，明治大正の文化 (45)
〈歴史とことば〉　藪の中／石川啄木の短歌／中原中也の詩／宮沢賢
　　　　　　　　治の詩

COLUMN 14　足尾鉱毒事件と田中正造
COLUMN 15　君死にたまふことなかれ

7 昭和恐慌，ファシズムの台頭から 日中全面戦争へ (55)

〈歴史とことば〉 ぜいたくは敵だ／欲しがりません，勝つまでは

COLUMN 16 元始女性は太陽であった
COLUMN 17 藤野先生〜魯迅と日本人〜

8 太平洋戦争 (63)

〈歴史とことば〉 大東亜共栄圏／紀元（皇紀）2600年／赤紙／大本営発表／生きて虜囚の辱めを受けず／鬼畜米英／よし1本，だめ1本／学童疎開

COLUMN 18 字のないはがき
COLUMN 19 にんげんをかえせ
COLUMN 20 「あたしゃいまだにサツマイモが食べらんねえんだ」

9 占領下の改革，再独立，60年安保 (75)

〈歴史とことば〉 タケノコ生活／団塊の世代／もはや戦後ではない／集団就職

日本国憲法より抜粋

COLUMN 21 石橋湛山の「大日本主義の幻想」
COLUMN 22 小林多喜二の虐殺

10 高度経済成長の光と影 (87)
〈歴史とことば〉 スーダラ節／企業城下町／三種の神器

COLUMN 23　ラジオの普及と大衆文化～早慶戦～
COLUMN 24　水俣病の原因究明

11 Japan as No. 1, バブル, バブルの崩壊 (97)
〈歴史とことば〉 一億総中流／非関税障壁／三公社／成金／財テク／土地転がし／箱もの行政

COLUMN 25　出稼ぎと単身赴任
COLUMN 26　一億総中流と子どもの貧困

12 「失われた20年」, そして, 今 (107)
〈歴史とことば〉 終身雇用，年功序列，成果主義／リストラ／護送船団方式／一票の格差／就職氷河期／ガラケー

COLUMN 27　1989年という年
COLUMN 28　東日本大震災と日本のマスコミ
COLUMN 29　特定秘密保護法と情報公開

あ と が き (119)
　　――日本の近現代史を学ぶ意義(2)――
参 考 文 献 (123)

SECTION 1 戦国時代から織豊時代へ

1．重要年号

1333年　鎌倉幕府が滅亡する／建武の新政が始まる
　　　　　　　　　　　　　　　　　　（後醍醐天皇）
1336年　室町幕府が開かれる
1392年　南北朝が合一する
1467年　応仁の乱が始まる
1543年　種子島に鉄砲が伝来する
1560年　桶狭間の合戦
1579年　安土城が完成する
1582年　本能寺の変
1590年　豊臣秀吉による天下統一
1592年　文禄の役
1597年　慶長の役
1598年　秀吉死去

織田信長　　　　　　　　　豊臣秀吉

2．時代の流れ

　鎌倉幕府が衰え，後醍醐天皇を中心とする新しい政権ができた．これを建武の新政と言う．しかし，後醍醐天皇の政策は復古主義的で，武士の反発を買い，足利尊氏が挙兵して室町幕府を建てた．このとき，後醍醐天皇は吉野に逃れたため，京都（北朝）と吉野（南朝）に天皇が存在する南北朝時代となった．南北朝は足利義満の時代に統一される．
　室町幕府は三代将軍足利義満のときに最盛期を迎えた．義満は勘合貿易（日明貿易）を通して多くの利益を得た．義満が建立したのが金閣（鹿苑寺）である．義満の死後，足利将軍家の威光は徐々に衰えていった．八代将軍足利義政は銀閣（慈照寺）を建てるなど文化面に傾倒し，その後継争いから応仁の乱が起こった．
　応仁の乱以降，室町幕府の権威は衰え，各地で，土地の有力者が独立政権を

樹立する．これらを戦国大名と言い，この時代を戦国時代と言う．有名な戦国大名としては，北条早雲（相模：神奈川県），斎藤道三（美濃：岐阜県），今川義元（駿河：静岡県），上杉謙信（越後：新潟県），武田信玄（甲斐：山梨県）などが挙げられる．

この時代，当時世界進出を行っていたポルトガル，スペイン（南蛮人と呼ばれた）との間で南蛮貿易が行われ，鉄砲（火縄銃）や生糸などが日本にもたらされた．また，フランシスコ＝ザビエルなどのポルトガルから派遣された宣教師によって，日本にキリスト教が伝えられた．

尾張（愛知県）の小大名であった織田信長は桶狭間の合戦で今川義元（駿河）を破ってこの地域の支配権を獲得すると，京都に入り，天下統一の動きを進める．今川義元のもとで人質として成長した徳川家康は桶狭間の合戦の後，独立し，信長と同盟を結ぶ．

信長は安土に壮麗な安土城を築き，安土などで既存の商人間の同盟組織である座を解体して，税を減免した形で城下町に新興商人を誘致する楽市楽座などの政策を行った．

織田信長は武田信玄の跡を継いだ武田勝頼を倒す（長篠の戦い）など天下統一を進めた．また，キリシタンにも寛容であったので，キリシタンに改宗する者もかなりいた．

信長は高松城（岡山県にあった）を水攻めにしていた豊臣秀吉（当時の名前は羽柴秀吉）に加勢するために高松城に向かう途中，わずかな護衛とともに京都の本能寺に滞在していた．そこに，信長の重臣だった明智光秀が謀反を起こし，信長を襲って自殺させた．これを本能寺の変と言う．

光秀は信長を倒したが，高松城にいた秀吉は兵を整えて京都に戻り，山崎の合戦で光秀を倒した．その後，秀吉は，信長の重臣だった柴田勝家などを倒して，信長の後継者の地位を獲得した．そして，関白という最高の官職について，天下を統一する．

天下を統一した秀吉は，太閤検地を行って，年貢の基準となる単位の統一な

どを行った．また，刀狩を行って，農民から武器を取り上げた．この政策は徳川家康によっても引き継がれ，江戸時代には刀を持つことは武士だけに許された特権となった．

秀吉は，キリスト教を通してカトリック教会の影響力が日本国内に広がるのを防ぐため，キリスト教を禁教にした．

秀吉は天下統一後，海外進出の野心を持つようになり，朝鮮半島に2度にわたって出兵した．これを文禄・慶長の役と言う．この2度の派兵は朝鮮半島の人々に苦痛と秀吉に対する怨みを与えただけでなく，兵を出した大名も疲弊させた．慶長の役は秀吉の死によって終結した．

信長と秀吉の時代を安土桃山時代（または，織豊時代）と呼ぶ．この時代には華麗な文化が花開いた．茶の湯（茶道）はこの時代に千利休によって完成されたものである．

3．歴史とことば

敵に塩を送る

越後（新潟県）の上杉謙信と甲斐（山梨県）の武田信玄は5回にわたって川中島の戦いを行ったように敵対関係にあった．しかし，謙信は，信玄が周辺国との対立で塩不足に陥ったとき，信玄に塩を送って信玄を助けた．このことから，敵対関係にある相手であっても，必要な支援は行うことを「敵に塩を送る」と言うようになった．

信長の草履取り

豊臣秀吉は貧しい階層の出身だった．あるとき，織田信長が草履を履こうとしたところ，温かかったのでそのことを尋ねると，秀吉が草履を懐に入れて暖めていたという．このエピソードは，秀吉が信長に気に入られて出世していくきっかけになったものとして有名である．秀吉の伝記は「太閤記」と呼ばれ，

日本一の出世物語として人気がある．

三日天下

明智光秀は本能寺の変で信長を倒した．この際，各地の反信長勢力に自分に呼応して挙兵することを呼びかけていたが，中国戦線から兵を帰した秀吉に急襲され，山崎の合戦で敗れて殺された．三日天下というのはこのとき光秀が権力を握った期間（実際は10日間）のことを指しており，その後，実権を握った期間がごく短いことをたとえて言われるようになった．

4．重要な読み方

鎌倉幕府：かまくらばくふ
後醍醐天皇：ごだいごてんのう
建武の新政：けんむ（の）しんせい
復古主義：ふっこしゅぎ
武士：ぶし
足利尊氏：あしかがたかうじ
挙兵する：きょへい
室町幕府：むろまちばくふ
北朝：ほくちょう
吉野：よしの
南朝：なんちょう
南北朝時代：なんぼくちょうじだい
足利義満：あしかがよしみつ
最盛期：さいせいき
勘合貿易：かんごうぼうえき
日明貿易：にちみんぼうえき
建立する：こんりゅう
金閣：きんかく

鹿苑寺：ろくおんじ
将軍家：しょうぐんけ
威光：いこう
足利義政：あしかがよしまさ
銀閣：ぎんかく
慈照寺：じしょうじ
応仁の乱：おうにん（の）らん
樹立する：じゅりつ
戦国大名：せんごくだいみょう
北条早雲：ほうじょうそううん
相模：さがみ
神奈川県：かながわけん
斎藤道三：さいとうどうさん
美濃：みの
岐阜県：ぎふけん
今川義元：いまがわよしもと
駿河：するが
静岡県：しずおかけん

上杉謙信：うえすぎけんしん
越後：えちご
新潟県：にいがたけん
武田信玄：たけだしんげん
甲斐：かい
山梨県：やまなしけん
南蛮人：なんばんじん
火縄銃：ひなわじゅう
生糸：きいと
宣教師：せんきょうし
尾張：おわり
愛知県：あいちけん
織田信長：おだのぶなが
桶狭間の合戦：おけはざま(の)かっせん
今川義元：いまがわよしもと
天下統一：てんかとういつ
徳川家康：とくがわいえやす
安土城：あづちじょう

減免する：げんめん
城下町：じょうかまち
楽市楽座：らくいちらくざ
武田勝頼：たけだかつより
長篠の戦い：ながしの(の)たたかい
寛容な：かんよう
改宗する：かいしゅう
高松城：たかまつじょう
岡山県：おかやまけん
水攻め：みずぜ(め)
豊臣秀吉：とよとみひでよし
羽柴秀吉：はしばひでよし
加勢する：かせい
本能寺の変：ほんのうじ(の)へん
明智光秀：あけちみつひで
謀反：むほん
山崎の合戦：やまざき(の)かっせん
柴田勝家：しばたかついえ

COLUMN 1
人名の読み方

　日本語は文法的には不規則な部分の少ない言語ですが，人名の読み方は不規則な場合が多く，難しいです．漢字2文字の場合，両方とも音読みするのが普通ですが，人名の場合は通常両方とも訓読みします（ex. 信長，家康）．ただし，現在では普通使わない訓読みの場合もあります（ex. 徳川慶喜，木戸孝允）．こうした場合，「けいき」「こういん」のように音読みで読まれることもあります．

関白：かんぱく
太閤検地：たいこうけんち
年貢：ねんぐ
刀狩：かたながり
禁教：きんきょう
朝鮮半島：ちょうせんはんとう
出兵する：しゅっぺい
文禄・慶長の役：ぶんろくけいちょう（の）えき
派兵する：はへい
怨む：うら（む）
疲弊する：ひへい
安土桃山時代：あづちももやまじだい
織豊時代：しょくほうじだい
茶の湯：ちゃ（の）ゆ

茶道：さどう
千利休：せんのりきゅう
川中島の戦い：かわなかじま（の）たたかい
陥る：おちい（る）
草履取り：ぞうりと（り）
懐：ふところ
出世する：しゅっせ
太閤記：たいこうき
三日天下：みっかてんか
急襲する：きゅうしゅう
徳川慶喜：とくがわよしのぶ
木戸孝允：きどたかよし
和語：わご

COLUMN 2
ポルトガル語から入ったことば

　戦国時代以降，日本に最も早くやってきた欧米人はポルトガル人でした．ポルトガル人とスペイン人は南蛮人と呼ばれ，南蛮貿易を通して，ポルトガル語から日本語に次のようなさまざまな語が入ってきました．
　キリシタン（キリスト教徒），カッパ（レインコート），ボタン，カステラ，カボチャ，コンペイトウ（お菓子の名前），テンプラ，パン，オルガン，カルタ，キセル（たばこを吸う道具），タバコ，ビードロ（＝ガラス）……．
　これらの中には，たばこや天ぷらのように，今では，日本古来の語（和語）と思われているものもあります．

SECTION 2 幕藩体制の成立と展開

1．重要年号

*1600*年　関ヶ原の戦い（合戦）が起こる
*1603*年　徳川家康が江戸に幕府を開く
*1614*年　大坂冬の陣・大坂夏の陣（1615年）が起こる
*1635*年　参勤交代が義務化される
*1637*年　島原の乱が起こる（〜1638年）
*1639*年　鎖国令が完成する
*1657*年　徳川光圀が「大日本史」の編さんを開始する
*1687*年　徳川綱吉が生類憐れみの令を出す
*1716*年　徳川吉宗が八代将軍に就く
*1717*年　大岡忠相が江戸町奉行に就任する
*1722*年　小石川養生所が設立される
*1730*年　幕府公認の米相場が始まる（大坂・堂島）

徳川家康　　　　　　　　　徳川吉宗

2．時代の流れ

　豊臣秀吉が亡くなったあと，政権の実権を争ったのは，最大の領地を有する大名であった徳川家康と，秀吉政権の官僚のトップであった石田三成であった．家康（東軍）と三成（西軍）は東海道の関ヶ原（岐阜県）で戦った．これを関ヶ原の戦い（または，合戦）と言う．戦いは西軍の有力大名の寝返りを機に東軍が勝利を収めた．

　関ヶ原の戦いに勝利した家康は，征夷大将軍になり，江戸に幕府を開いた．家康は，二代将軍徳川秀忠の血を引く男子が将軍を継ぐこと，その血が絶えたときは，御三家（尾張家〈名古屋〉，紀州家〈和歌山県〉，水戸家〈茨城県〉）の中から後継の将軍を選ぶことなど，徳川幕藩体制の基礎を作った．

　家康は，関ヶ原の戦いの後も最大の勢力であった大坂（大阪は明治維新のころまで「大坂」と表記されていた）の豊臣家を討つために，大坂冬の陣を起こした．冬の陣が和睦（停戦）すると，家康は大坂城の外堀を埋め立て，大坂城の守備力を奪うことに成功した．秀吉の子で，当時成人していた豊臣秀頼とその母淀

君（織田信長の妹の娘）は真田幸村らの浪人を集めて徳川軍と戦った．幸村らはよく戦ったが，豊臣軍は敗北し，豊臣家は滅亡する．これが大坂夏の陣である．この戦いによって，江戸幕府による支配が全国に及ぶことになった．家康は大坂夏の陣の後，間もなく亡くなり，日光東照宮に神としてまつられた．

　江戸時代の政治体制を幕藩体制と呼ぶが，この体制は三代将軍徳川家光のときにほぼ完成する．家光の治世のときに，江戸時代最大の内乱である島原の乱が平定された．そして，鎖国令が出され，日本はほぼ全面的に海外との外交，貿易を禁止することになる．これ以降，日本人が海外に行くことも，海外にいる日本人が帰国することも禁止され，海外との貿易は長崎の出島でのオランダとのものだけになる．

　五代将軍徳川綱吉は子どもに恵まれなかったこともあって，生き物を大切せよという生類憐れみの令を出した．この法令は次第に厳しく適用されるようになり，特に犬に関する内容が厳しかったので，綱吉は犬公方とも呼ばれる．

　水戸藩主であった徳川光圀は，新しいスタイルで日本の通史を著すために「大日本史」の編さんを開始した．同書の編さんは水戸藩を挙げての事業として明治まで続けられ，水戸学と呼ばれる独自の学問分野を作ることになる．

　綱吉以降，江戸幕府の財政は危機を迎えていた．それを立て直したのが，初めて御三家（紀州藩）から将軍になった八代将軍徳川吉宗である．吉宗は，将軍就任後，倹約令を出し，自らも質素倹約に努めた．また，目安箱を設けて，庶民が将軍に意見を述べる手段を作り，大岡忠相を江戸町奉行に任命して江戸の町人の生活に関する改革を行わせた．このとき，江戸町火消しが整備され，貧しい病人の治療を行う小石川養生所が設けられた．さらに，青木昆陽によって飢饉対策としてサツマイモが生産されるようになった．吉宗はキリスト教に関係しないオランダ書の輸入を解禁し，蘭学が興るきっかけを作った．また，大坂の米相場を公認して，そこを通して，米価の安定に腐心した．このことから吉宗は米将軍と呼ばれた．こうした吉宗の政治は享保の改革と呼ばれ，幕藩体制の立て直しに貢献した．そのため，吉宗は江戸幕府の中興の祖と呼ばれている．

3. 歴史とことば

天下分け目の関ヶ原

関ヶ原の戦いは東軍の徳川家康と西軍の石田三成が天下取りを目指して戦ったもので，非常に重要な意味を持つ合戦であった．そのため，今でも，プロジェクトなどの成否に関わる重要な出来事のことを「天下分け目」「関ヶ原」などと言うことがある．

鳴かぬなら

信長，秀吉，家康の性格を表す有名な句がある．

　　鳴かぬなら　殺してしまえ　ほととぎす　信長（1534-1582）

　　鳴かぬなら　鳴かせて見せよう　ほととぎす　秀吉（1537-1598）

　　鳴かぬなら　鳴くまで待とう　ほととぎす　家康（1543-1616）

信長は，近代的な考え方の持ち主であったが，一方で，この句に歌われているように，自分に反対する旧勢力に対しては徹底的に弾圧を加えた．明智光秀が本能寺の変を起こした理由に，光秀とそうした旧勢力との関係を指摘する説もある．

秀吉は，生涯多くの戦を経験したが，天下を統一するまでは，水攻めや兵糧攻め（水や食糧の補給を断って，相手が投降するのを待つ作戦）のような，自軍だけでなく敵軍の人間もできる限り殺さない形での戦いを得意とした．

家康は，信長とは同盟を結び，秀吉には最大の領土を持つ家臣として仕えた．そして，秀吉が文禄・慶長の役で，加藤清正や福島正則らの古くからの家臣を疲弊させていった中で，戦力を蓄えて，関ヶ原の戦いで天下を取ったのである．

この紋所が目に入らぬか

徳川光圀は「水戸黄門」として知られている．「黄門」は光圀の官職名である．「水戸黄門」は，光圀が助さん，格さんを連れて，商人の姿で日本全国を回り，それぞれのところで悪事を行っている権力者をやっつけるという物語で，テレビドラマでは，毎回の最後に，格さんが，徳川家を表す「三つ葉葵の印籠」を出して，「この紋所が目に入らぬか」という台詞を言うことになっている．この話は後世の創作で，実際の光圀とは関係がない．

踏み絵

江戸時代にはキリスト教は禁教であり，キリシタン（キリスト教徒）だとわかると死刑になる可能性が高かった．そのため，キリシタンは外面上は仏教徒などの形を取りながら信仰を守った．こうした人たちを隠れキリシタンと呼ぶ．隠れキリシタンを取り締まる際に，マリア像を足で踏ませるという手段がとられた．このときに使われたものを「踏み絵」と言う．この語は現在でも，それまでしてこなかったことをさせられるときなどに「踏み絵を踏まされる」などといった形で使われる．

大岡裁き

大岡忠相は名奉行として知られており，忠相が下した判決は「大岡裁き」と呼ばれている．有名なものとしては，2人の女が1人の子供の養育権を争った際に，2人に子どもの手を引っ張らせて，勝った方が親だとしたという話がある．このとき，1人の女は子どもが痛がるのを聞いて手を離した．すると，忠相は，子どものことを考えられない者が親であるはずはないとして，手を離した方の女を本当の母親だとした．これらの大岡裁きは後世の創作である．忠相は行政官として有能で，多くの改革を行い，江戸時代を通じて唯一，奉行から大名になっている．

4．重要な読み方

官僚：かんりょう
石田三成：いしだみつなり
東軍：とうぐん
西軍：せいぐん
関ヶ原の戦い：せきがはら（の）たたか（い）
合戦：かっせん
寝返り：ねがえ（り）
勝利を収める：しょうり（を）おさ（める）
征夷大将軍：せいいたいしょうぐん
江戸：えど
徳川秀忠：とくがわひでただ
絶える：た（える）
御三家：ごさんけ
水戸：みと
茨城県：いばらきけん
紀州：きしゅう
和歌山県：わかやまけん
後継：こうけい
幕藩体制：ばくはんたいせい
豊臣家：とよとみけ
討つ：う（つ）
大坂冬の陣：おおさかふゆ（の）じん
和睦する：わぼく
停戦する：ていせん

豊臣秀頼：とよとみひでより
淀君：よどぎみ
真田幸村：さなだゆきむら
浪人：ろうにん
敗北する：はいぼく
滅亡する：めつぼう
大坂夏の陣：おおさかなつ（の）じん
日光東照宮：にっこうとうしょうぐう
徳川家光：とくがわいえみつ
治世：ちせい
島原の乱：しまばら（の）らん
平定する：へいてい
鎖国令：さこくれい
長崎：ながさき
出島：でじま
徳川綱吉：とくがわつなよし
に恵まれる：（に）めぐ（まれる）
生類憐れみの令：しょうるいあわ（れみの）れい
犬公方：いぬくぼう
藩主：はんしゅ
徳川光圀：とくがわみつくに
大日本史：だいにほんし
を挙げての：（を）あ（げての）
水戸学：みとがく

徳川吉宗：とくがわよしむね
倹約令：けんやくれい
質素倹約：しっそけんやく
に努める：（に）つと（める）
目安箱：めやすばこ
庶民：しょみん
大岡忠相：おおおかただすけ
江戸町奉行：えどまちぶぎょう
江戸町火消し：えどまちびけ（し）
小石川養生所：こいしかわようじょうしょ
設ける：もう（ける）

青木昆陽：あおきこんよう
飢饉：ききん
解禁する：かいきん
蘭学：らんがく
興る：おこ（る）
米相場：こめそうば
米価：べいか
腐心する：ふしん
米将軍：こめしょうぐん
享保の改革：きょうほう(の)かいかく
貢献する：こうけん
中興の祖：ちゅうこう（の）そ

COLUMN 3
忠臣蔵

　歌舞伎は江戸時代以降，日本を代表する娯楽になりましたが，その中で最も人気のある演目の1つが「仮名手本忠臣蔵」です．これは，元禄時代に実際にあった事件を題材にした物語です．実際の事件は，赤穂藩主浅野内匠頭が江戸城内で吉良上野介に斬りかかって重傷を負わせたもので，そのため，浅野は切腹，浅野家は断絶になり，浅野家の家臣たちは浪人になる（＝失業する）ことになります．その後，浅野家の家老だった大石内蔵助が中心になって，吉良を討つ計画を立て，47人が吉良邸に討ち入り，吉良を殺害し，浅野の敵討ち（仇討ち）をします．最終的に全員が切腹という裁きを受けることになります．

　この事件（赤穂事件）については，さまざまな見解が述べられていますが，重要なことの1つは，討ち入りをするということが儒教的な価値観に動機づけられているということです．

天下分け目:てんかわ(け)め
弾圧を加える:だんあつ(を)くわ(える)
旧勢力:きゅうせいりょく
兵糧攻め:ひょうろうぜ(め)
家臣:かしん
仕える:つか(える)
加藤清正:かとうきよまさ
福島正則:ふくしままさのり
戦力を蓄える:せんりょく(を)た くわ(える)
紋所:もんどころ
水戸黄門:みとこうもん
助さん:すけ(さん)
格さん:かく(さん)
三つ葉葵:み(つ)ばあおい
印籠:いんろう
台詞:せりふ
踏み絵:ふ(み)え
仏教徒:ぶっきょうと

COLUMN 4
「一所懸命」と「一生懸命」

　現在よく使う「一生懸命」という語ですが、もともとは「一所懸命」と言っていました。「一所懸命」は、鎌倉時代以降の武士の行動規範を述べたものであるとされています。武士にとって、自分の土地を守ることは最大の価値であり、そのために命を懸けるのは当然のことでした。一つの土地(場所)に命を懸けるということから「一所懸命」ということばができたのです。命を懸けてでも土地を守るためには強い領主に仕える必要がありました。

　領主が武士の持つ土地の所有権を保障することを「御恩」、それに対して武士が命を懸けて領主に仕えることを「奉公」と言いました。江戸時代に儒教が支配的なイデオロギーとなるまでは、武士にとって領主との関係はある意味でドライなものだったと考えられます。したがって、戦国時代までの武士からすると、自分たちを失業に追い込んだ浅野内匠頭のために自分の命を捨てた赤穂浪士の行動は不可解なものに見えるかもしれません。

信仰：しんこう
隠れキリシタン：かく(れ)キリシタン
大岡裁き：おおおかさば（き）
行政官：ぎょうせいかん
忠臣蔵：ちゅうしんぐら
歌舞伎：かぶき
娯楽：ごらく
仮名手本忠臣蔵：かなでほんちゅうしんぐら
元禄時代：げんろくじだい
赤穂：あこう
浅野内匠頭：あさのたくみのかみ

吉良上野介：きらこうずけのすけ
切腹する：せっぷく
大石内蔵助：おおいしくらのすけ
討ち入る：う（ち）い（る）
敵討ち：かたきう（ち）
仇討ち：あだう（ち）
儒教：じゅきょう
御恩：ごおん
奉公：ほうこう
色男：いろおとこ
道化役：どうけやく

COLUMN 5
二枚目と三枚目

　歌舞伎は江戸時代最大の大衆娯楽で，そこから生まれたことばもいくつもありますが，「二枚目」と「三枚目」もそうです．
　江戸時代の歌舞伎の看板は8枚からなっており，二枚目には主役の次に位置する美男子（色男）の役者の名前が書かれ，三枚目には道化役の役者の名前が書かれました．このことから，ハンサムな男性のことを「二枚目」，美男子ではないが面白い性格の男性を「三枚目」と言うようになりました．

SECTION 3 幕藩体制の動揺から開国へ，江戸時代の社会と文化

1．重要年号

- 1682年 井原西鶴の「好色一代男」が刊行される
- 1702年 松尾芭蕉の「奥の細道」が刊行される
- 1703年 近松門左衛門の「曽根崎心中」が人形浄瑠璃として上演される
- 1767年 田沼意次が側用人になる
- 1772年 天明の大飢饉が起こる（〜1778年）
- 1774年 「解体新書」が刊行される
- 1787年 松平定信が老中になる（寛政の改革）
- 1794年 東洲斎写楽の浮世絵が刊行される
- 1798年 本居宣長の「古事記伝」が完成する
- 1821年 伊能忠敬が大日本沿海輿地全図を完成させる
- 1825年 幕府が異国船打払令を出す
- 1828年 シーボルト事件が起こる
- 1838年 緒方洪庵が大坂に適塾を開く
- 1839年 渡辺崋山らの蘭学者が処罰される（蛮社の獄）
- 1840年 アヘン戦争が起こる（〜42年）
- 1841年 水野忠邦が老中になる（天保の改革），天保の飢饉が起こる
- 1849年 緒方洪庵が大坂で種痘を行う
- 1853年 ペリー来航
- 1854年 日米和親条約が締結される
- 1858年 日米修好通商条約が締結される（大老・井伊直弼）オランダ，イギリス，フランス，ロシアとも同様の条約を結ぶ（安政の五カ国条約）
  吉田松陰らが処刑される（安政の大獄）
- 1860年 井伊直弼が暗殺される（桜田門外の変）

黒船

2．時代の流れ

　徳川家康が江戸に幕府を開いた後,幕藩体制が展開していくが,家康は,東海道などの交通の要衝に御三家,親藩大名（家康の息子が始めた家），譜代大名（関ヶ原の戦い以前から徳川家の家臣だった家）を配置し,外様大名（関ヶ原の戦い以降に徳川家の家臣になった家）に対する押さえとした.

　三代将軍徳川家光の時代に参勤交代の制度が確立する．これは,各大名の妻子を江戸に住まわせ,大名に1年おきに江戸と領地を往復することを義務づけたものである．

　江戸時代には士農工商という身分制度があり,武士は苗字帯刀が許されるなど特権的な地位にあった．農民（百姓）は年貢を負担し,商工業者は運上金と呼ばれる税金を納めた．さらに,これらの身分の下に,穢多・非人と呼ばれる身分があり,これらの人々は厳しい差別を受けた．こうした身分は明治時代に

廃止される（四民平等）が，これらの人々は部落民と呼ばれ，差別はその後現在に至るまで続いている．

18世紀後半，側用人になった田沼意次は悪化した財政を立て直すために重商主義をとったが，老中であった時期に天明の大飢饉が起こるなどした結果，失脚し，代わりに松平定信が老中となり，寛政の改革を行った．

18世紀後半になると，イギリスやロシアの船が日本近海に現れるようになった．これに対し，幕府は異国船打払令を出すなどして対抗した．このころ，幕府は伊能忠敬に命じて日本全図を作らせた（大日本沿海輿地全図）．

三代将軍徳川家光のときに鎖国が完成する．これにより，日本に入ってくる海外の情報はオランダからのものに限られることになる．八代将軍徳川吉宗がキリスト教に関係しない文献の輸入を緩和したことをきっかけにオランダ語を通じた学問が盛んになる．これを蘭学と言う．杉田玄白と前野良沢は「ターヘルアナトミア」という医学書を「解体新書」という名前で翻訳した．緒方洪庵は，幕末に大坂で適塾を開いて，福沢諭吉や大村益次郎など多くの門弟を育てた．洪庵は，医師としても日本で初めて種痘（天然痘の予防接種）を行って天然痘（疱瘡）の治療に大きく貢献した．

江戸時代は，儒教の中の朱子学が幕府の正学とされた．これに対し，日本古来の思想を重視する国学が興り，影響力を強めて，幕末の尊王思想につながっていく．国学を代表する学者に本居宣長がいる．

江戸では小判などの金貨が主に使われ，大坂では豆板銀などの銀貨が主に使われた．

国際情勢に明るかった渡辺崋山らの蘭学者は幕府の鎖国政策を批判したが，幕府によって弾圧された（蛮社の獄）．これには，長崎にいたオランダ人医師のシーボルトが伊能忠敬が作った地図の写しを国外に持ち出そうとして捕らえられたシーボルト事件も関係している．

アヘン戦争で清がイギリスに敗れ，イギリスに対して香港の租借権を認めざるえなくなったことは蘭学者を初めとする知識人に衝撃を与えた．

アメリカの軍人ペリーは軍艦を率いて浦賀に来港し，日本に開国を求めた．翌年，日本は日米和親条約を結び，下田などを開港し，開国に舵を切った．これに対し，開国に反対する攘夷論が高まった．大老となった井伊直弼は日米修好通商条約を締結した（このとき，横浜などが開港された）．その後，幕府はイギリスなど計5カ国との間で同様の条約を結んだので，これらを安政の五カ国条約と言うが，これらは，外国に治外法権が認められている，日本に関税自主権がない，といった点で不平等なものであった．そのため，明治以降，明治政府にとって，条約改正が重要な政治的課題となっていく．

攘夷論は次第に天皇親政を求める尊王思想と結びつき，尊王攘夷という形をとって，幕府を守ろうとする考え方（佐幕論）と対立するようになる．井伊直弼は，反対派を弾圧し（安政の大獄），この際，長州藩で影響力を持っていた吉田松陰も刑死した．直弼は江戸城桜田門外で水戸藩の浪士によって暗殺された（桜田門外の変）．

徳川綱吉の治世である元禄時代は経済が発展し，元禄文化と呼ばれる繁栄期を迎えた．この時代には，井原西鶴（浮世草子），松尾芭蕉（俳句），近松門左衛門（人形浄瑠璃）らが活躍した．松尾芭蕉はそれまでの俳諧を革新し，芸術性の高いものとした．江戸時代中後期には，与謝蕪村，小林一茶などの俳人が活躍した．

江戸時代には歌舞伎が庶民の娯楽としての地位を確立する．一方，近松門左衛門は「曽根崎心中」など浄瑠璃の台本を数多く執筆し，人形浄瑠璃（文楽）も庶民の人気を博した．

絵画では，浮世絵が流行した．喜多川歌麿は美人画で人気を博し，東洲斎写楽は独特の役者絵などを発表した．葛飾北斎は「富嶽三十六景」など多数の作品を残し，歌川広重は「東海道五十三次」などの作品を発表し，それぞれゴッホなど海外の印象派の画家に強い影響を与えた．

3. 歴史とことば

白河の水の清きに

重商主義の田沼意次の後を受けた松平定信が急速な引き締め政策をとり，庶民の生活が苦しくなったため，「白河の水の清(きよ)きに魚(うお)住みかねて 今は濁(にご)りの田沼恋しき」という狂歌が詠まれた．

黒船

ペリーが乗船した軍艦は「黒船」と呼ばれ，当時の人々に衝撃を与えた．その様子は「太平の眠りを覚(さ)ます上喜撰 たった四杯(しはい)で夜も眠れず」という狂歌に詠まれた．

江戸時代の俳人と有名な作品

松尾芭蕉（1644-1694）の句
　閑(しず)かさや　岩にしみいる　蝉(せみ)の声
　五月雨(さみだれ)を　集めてはやし　最上川(もがみがわ)
　古池や　蛙(かわず)飛び込む　水の音

与謝蕪村（1716-1784）の句
　春の海　終日(ひねもす)のたり　のたり哉(かな)
　菜の花や　月は東に　日は西に
　月天心　貧しき町を　通りけり

小林一茶（1763-1828）の句
　やせ蛙(がえる)　負けるな一茶　これにあり
　やれ打つな　蝿(はえ)が手をすり　足をする
　名月を　とってくれろと　泣く子かな

4．重要な読み方

要衝：ようしょう
親藩大名：しんぱんだいみょう
譜代大名：ふだいだいみょう
外様大名：とざまだいみょう
参勤交代：さんきんこうたい
士農工商：しのうこうしょう
身分制度：みぶんせいど
苗字帯刀：みょうじたいとう
百姓：ひゃくしょう
運上金：うんじょうきん
税金を納める：ぜいきん（を）おさ（める）
に至る：（に）いた（る）
側用人：そばようにん
田沼意次：たぬまおきつぐ
財政：ざいせい
重商主義：じゅうしょうしゅぎ
天明の大飢饉：てんめい（の）だいききん
失脚する：しっきゃく
松平定信：まつだいらさだのぶ
老中：ろうじゅう
寛政の改革：かんせい（の）かいかく
異国船打払令：いこくせんうちはらいれい
伊能忠敬：いのうただたか

大日本沿海輿地全図：だいにほんえんかいよちぜんず
盛んになる：さか（んになる）
杉田玄白：すぎたげんぱく
前野良沢：まえのりょうたく
解体新書：かいたいしんしょ
緒方洪庵：おがたこうあん
適塾：てきじゅく
福沢諭吉：ふくざわゆきち
大村益次郎：おおむらますじろう
門弟：もんてい
種痘：しゅとう
天然痘：てんねんとう
疱瘡：ほうそう
儒教：じゅきょう
朱子学：しゅしがく
国学：こくがく
尊王思想：そんのうしそう
本居宣長：もとおりのりなが
小判：こばん
豆板銀：まめいたぎん
渡辺崋山：わたなべかざん
弾圧する：だんあつ
蛮社の獄：ばんしゃ（の）ごく
清：しん

香港：ほんこん
租借権：そしゃくけん
衝撃を与える：しょうげき（を）あた（える）
軍艦：ぐんかん
を率いる：（を）ひき（いる）
浦賀：うらが
開国する：かいこく
日米和親条約：にちべいわしんじょうやく
下田：しもだ
舵を切る：かじ（を）き（る）
攘夷論：じょういろん
大老：たいろう
井伊直弼：いいなおすけ
日米修好通商条約：にちべいしゅうこうつうしょうじょうやく
締結する：ていけつ
横浜：よこはま
安政の五カ国条約：あんせい（の）ごかこくじょうやく
治外法権：ちがいほうけん
関税自主権：かんぜいじしゅけん
条約改正：じょうやくかいせい
天皇親政：てんのうしんせい
尊王攘夷：そんのうじょうい
佐幕論：さばくろん
安政の大獄：あんせい（の）たいごく

長州藩：ちょうしゅうはん
吉田松陰：よしだしょういん
刑死する：けいし
暗殺する：あんさつ
桜田門外の変：さくらだもんがい（の）へん
元禄時代：げんろくじだい
繁栄期：はんえいき
井原西鶴：いはらさいかく
浮世草子：うきよぞうし
松尾芭蕉：まつおばしょう
俳句：はいく
近松門左衛門：ちかまつもんざえもん
人形浄瑠璃：にんぎょうじょうるり
俳諧：はいかい
与謝蕪村：よさぶそん
小林一茶：こばやしいっさ
俳人：はいじん
歌舞伎：かぶき
娯楽：ごらく
曽根崎心中：そねざきしんじゅう
台本：だいほん
文楽：ぶんらく
人気を博す：にんき（を）はく（す）
浮世絵：うきよえ
喜多川歌麿：きたがわうたまろ
美人画：びじんが
東洲斎写楽：とうしゅうさいしゃらく

葛飾北斎：かつしかほくさい
富嶽三十六景：ふがくさんじゅうろっけい
歌川広重：うたがわひろしげ
東海道五十三次：とうかいどうごじゅうさんつぎ
狂歌：きょうか
詠む：よ（む）
穢多：えた

非人：ひにん
差別する：さべつ
四民平等：しみんびょうどう
部落民：ぶらくみん
黒船：くろふね
捕鯨：ほげい
鯨油：げいゆ
鯨肉：げいにく
摂取する：せっしゅ

COLUMN 6
部落差別〜七分の一の命〜

　部落差別は，現代まで続く日本社会の病根とも言うべきものです。「七分の一の命」というのは，高橋貞樹『被差別部落一千年史』にある次のような話です。

　江戸時代，1人の穢多が神社に参詣したところ，神社がけがれるといって村の人間がその穢多を集団で殴り殺してしまいました。あまりのことに，犯人の断罪を求めて，他の穢多が奉行所に訴えたところ，奉行は，「穢多の命は平民の命の七分の一に当たるので，あと6人穢多が殺されない限り，平民1人を断罪することはできない」という判決を下したというのです。

　「穢多・非人」という身分は，明治以降公式には廃止されましたが，「部落民」という呼称は現在も存在し，就職や結婚における差別は根強く残っています。

参考文献
高橋貞樹（1992）『被差別部落一千年史』（岩波文庫）

解剖する：かいぼう　　　　　　綴る：つづ（る）
腑分け：ふわ（け）　　　　　　福翁自伝：ふくおうじでん
酷似する：こくじ　　　　　　　教授する：きょうじゅ
俗称：ぞくしょう　　　　　　　先人：せんじん
難航を極める：なんこう（を）きわ
　　　　　　　（める）

COLUMN 7
黒船と捕鯨

　1853年にペリーが黒船を率いて来日したことは，幕末における非常に大きな事件でした．もちろん，ペリーの真の目的は日本の開国でしたが，ペリーが浦賀に来港したときの表向きの理由は，捕鯨船の給水と食糧の補給でした．このように，この当時，欧米では捕鯨が盛んに行われていました．その目的は，鯨肉を食べるためというよりも，鯨油をとることにありました．その点で，鯨の肉だけでなく，全ての部分を利用してきた日本の漁民とは大きな違いがあります．鯨肉はまた，第二次世界大戦後の食糧難の時代，日本人の貴重な動物タンパク源でした．
　捕鯨をめぐる論争は文化の違いに起因する感情論に傾きがちですが，少なくとも，こうした歴史的事実を押さえた上で議論することが必要なのではないでしょうか．

COLUMN 8
『蘭学事始』と適塾

　江戸幕府八代将軍徳川吉宗の時代にはそれまでの鎖国政策が部分的に緩められ，宗教などに関わらないオランダの書物の輸入が解禁されました．これにともない，オランダ語を通して西洋の文明を摂取しようとする蘭学が盛んになります．前野良沢と杉田玄白は，そのときはじめて許可された，死刑囚の解剖（腑分け）を行い，人体の中身がオランダの書物に描かれているものに酷似していることに驚きます．そして，2人は，『ターヘル・アナトミア』という書名のオランダ語の医学書（オランダ語の正式な書名は *Ontleedkundige Tafelen* であり，『ターヘル・アナトミア』は俗称です）の翻訳を試みます（この本は『解体新書』として刊行されました）．しかし，辞書もほとんどない中でのことで，作業は難航を極めました．そのときの苦労を綴ったのが『蘭学事始』です．

　蘭学において重要な役割を担った組織に，緒方洪庵が大坂で開いた「適塾」があります．ここには，福沢諭吉，大村益次郎など幕末から明治にかけて活躍した人材が数多く集まりました．ここでの勉強も，今日からすれば信じられないほどたいへんなものであったことが福沢諭吉の『福翁自伝』からわかります．今われわれが享受しているさまざまな知識は，こうした先人の苦労の上にあるということを忘れてはならないと思います．

参考文献
杉田玄白『蘭学事始』（岩波文庫）
福沢諭吉『福翁自伝』（岩波文庫）

SECTION 4 幕末の動乱から明治維新,文明開化へ

1. 重要年号

- 1862年　十四代将軍徳川家茂と天皇の妹和宮が結婚する（公武合体）
- 1863年　薩英戦争で薩摩藩が打撃を受ける
- 1866年　薩長同盟が締結される
　　　　徳川家茂が亡くなり,徳川慶喜が十五代将軍になる
- 1867年　徳川慶喜が大政奉還を行う
　　　　王政復古の大号令が発せられる（明治維新の開始）
　　　　坂本龍馬が暗殺される
- 1868(明治元)年　鳥羽・伏見の戦いで新政府軍が幕府軍を破る
　　　　江戸城が無血開城される
　　　　旧幕府軍の一部が新政府軍と戦う（戊辰戦争）（～69年）
　　　　明治天皇が即位し,明治に改元される（一世一元制）
　　　　江戸が東京と改称され,日本の首都となる
　　　　五箇条の御誓文が出される
- 1869(明治2)年　版籍奉還が行われる
- 1871(明治4)年　廃藩置県が行われる,断髪令が出される
　　　　岩倉使節団が米欧の視察に出発する
- 1872(明治5)年　福沢諭吉が「学問のすゝめ」の初編を出版する
　　　　官営の富岡製糸場が開業する
- 1873(明治6)年　太陽暦（新暦）が採用される
　　　　地租改正が行われる,徴兵令が出される
　　　　明治6年の政変で西郷隆盛,板垣退助らが下野する
- 1876(明治9)年　廃刀令が出される
- 1877(明治10)年　西南戦争で新政府軍が勝利する（西郷隆盛自殺）
- 1878(明治11)年　大久保利通が暗殺される

坂本龍馬　　　　　　　大久保利通

2．時代の流れ

　井伊直弼は，反対派を弾圧し（安政の大獄），この際，長州藩で影響力を持っていた吉田松陰も刑死した．直弼は江戸城桜田門外で水戸藩の浪士によって暗殺された（桜田門外の変）．その後，京都で，反幕府派の取り締まりに新撰組が起用される．桜田門外の変の後，幕府は朝廷（公）と幕府（武）の融合を目指す公武合体論を採り，天皇の妹の和宮が十四代将軍徳川家茂の妻となった．
　薩摩藩は，藩士がイギリス人を殺害したことをきっかけに，イギリスと対立したがイギリスに攻撃され敗北する（薩英戦争）．その後，薩摩藩では西郷隆盛や大久保利通らが実権を握り，それまでの攘夷論から倒幕へと政策を転換していく．同じく，長州藩も列強の攻撃を受けて，攘夷を諦め倒幕へと方向転換を行う．この際，高杉晋作や桂小五郎（後の木戸孝允）らが活躍する．
　土佐（高知県）の浪人であった坂本龍馬は，勝海舟に師事して操船術などを学び，長崎で海運業（亀山社中）を起こすなどの活動を行っていた．そして，

勝海舟

それまで敵対関係にあった薩摩藩と長州藩を結びつけ，薩長同盟の締結に貢献したが，明治維新を見ることなく暗殺された．

幕府は反対派の急先鋒であった長州を討つために，十四代将軍徳川家茂自らが出兵したが，家茂は大坂城で亡くなり，水戸家の出身の一橋慶喜が十五代将軍となる（徳川慶喜）．

慶喜はフランスと結んで幕政の改革を行おうとしたが，薩長同盟の前に，力及ばず，大政奉還を願い出る．その後，王政復古の大号令が発せられて，江戸時代は終焉を迎える（明治維新）．

幕府軍は新政府軍と戦った（鳥羽・伏見の戦い）が敗れ，慶喜は江戸に戻る．その後，新政府軍を率いた西郷隆盛と勝海舟との話し合いで，江戸城は無血開城された．旧幕府軍の一部は，その後も新政府軍と戦ったが，最終的には鎮圧された（戊辰戦争）．

1868年に明治と改元され，この後，天皇の交代時のみ改元する一世一元制となる．また，天皇が京都から江戸に移り，江戸城に入った．これにともない，江戸は東京と改称された．ここに，日本の首都は名実ともに東京となった．

明治天皇は即位すると，五箇条の御誓文を出して，新政府の方針を示した．明治新政府は薩摩藩，長州藩の出身者を中心に構成されたが，その中心を担った大久保利通，木戸孝允，伊藤博文らは米欧の政体や文化などを見聞するために，岩倉具視を団長とする使節団（岩倉使節団）を作って視察を行った．一方，西郷隆盛，板垣退助らは国内に残った．

　新政府は次々と改革を行った．まず，各大名から領地を返納させて藩を解体し（版籍奉還），新しく県を置いた（廃藩置県）．さらに，江戸時代の身分制を廃止し（四民平等），徴兵制を敷いた．

　新政府は安政の五カ国条約（不平等条約）の改正を目指し，「文明開化」をスローガンとした．その一環として，断髪令を出し，ちょんまげを廃止した．明治6年には太陽暦（新暦）を採用し，鹿鳴館を建て舞踏会を催した．

　文明開化と並ぶ明治時代のスローガンは「富国強兵，殖産興業」であり，その一環として，富岡製糸場が建設された．

　新政府は税収を安定させるために，土地の私有権を認めて，年貢ではなく，土地に課税する方式をとった（地租改正）．

　西郷隆盛らは征韓論を主張して，大久保利通らと対立し，政府を去った（明治六年の政変）．一方，四民平等，徴兵制，廃刀令などの改革によって特権を失った士族は不満を高め，各地で反乱を起こした．その最大のものは西郷隆盛をかついだ西南戦争であったが，反乱軍は徴兵者で構成された新政府軍に制圧され，西郷は自殺した．翌年，大久保利通が旧薩摩士族によって暗殺され，新政府は伊藤博文，山県有朋ら次世代の指導者によって運営されるようになる．

3．歴史とことば

錦の御旗

　鳥羽・伏見の戦いで新政府軍は天皇の軍隊であることを示す錦の御旗を陣中に立てた．これにより，新政府軍は正規軍（官軍），旧幕府軍は反乱軍（賊軍）

と見なされることになった．このことから，何かを行うときの強い根拠・後ろ盾を錦の御旗と言うようになった．

勝てば官軍，負ければ賊軍

鳥羽・伏見の戦いに始まる戊辰戦争で，新政府軍は正規軍（官軍）となり，旧幕府軍は反乱軍（賊軍）となった．戊辰戦争のあと，戦争に加わった人々は過酷な運命を強いられた．このことから，「勝てば官軍，負ければ賊軍」（勝った方の主張は通り，負けた方の理屈は通らない→勝負は勝たなければだめだ）という言い回しが使われるようになった．

東京

日本では「首都」は天皇が住んでいる場所とされてきた．したがって，江戸時代も「首都」は京都であった．江戸時代が終わったとき，即位した明治天皇は京都から江戸に移ったが，これにより，江戸が「首都」となった．そのことを表すために，江戸は東の「京（＝都）」を意味する「東京」と名づけられた．

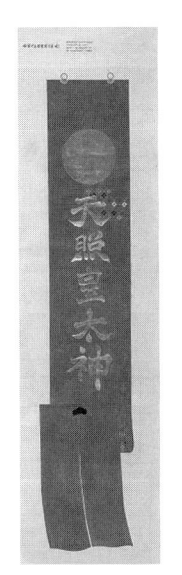

錦の御旗

4．重要な読み方

新撰組：しんせんぐみ
公武合体論：こうぶがったいろん
和宮：かずのみや
徳川家茂：とくがわいえもち
薩摩藩：さつまはん
薩英戦争：さつえいせんそう
西郷隆盛：さいごうたかもり
大久保利通：おおくぼとしみち

倒幕：とうばく
高杉晋作：たかすぎしんさく
桂小五郎：かつらこごろう
木戸孝允：きどたかよし
土佐：とさ
高知県：こうちけん
坂本龍馬：さかもとりょうま
勝海舟：かつかいしゅう

に師事する：（に）しじ（する）
操船術：そうせんじゅつ
亀山社中：かめやましゃちゅう
薩長同盟：さっちょうどうめい
急先鋒：きゅうせんぽう
出兵する：しゅっぺい
一橋慶喜：ひとつばしよしのぶ
大政奉還：たいせいほうかん
王政復古の大号令：おうせいふっこ（の）だいごうれい
終焉を迎える：しゅうえん（を）むか（える）
明治維新：めいじいしん
鳥羽・伏見の戦い：とばふしみ（の）たたか（い）
無血開城：むけつかいじょう

鎮圧する：ちんあつ
戊辰戦争：ぼしんせんそう
改元する：かいげん
一世一元制：いっせいちげんせい
改称する：かいしょう
名実ともに：めいじつ（ともに）
即位する：そくい
五箇条の御誓文：ごかじょう（の）ごせいもん
伊藤博文：いとうひろぶみ
岩倉具視：いわくらともみ
岩倉使節団：いわくらしせつだん
板垣退助：いたがきたいすけ
版籍奉還：はんせきほうかん
廃藩置県：はいはんちけん
徴兵制：ちょうへいせい

COLUMN 9
ワシントンの子孫はどこにいる？

　福沢諭吉は，幕末，幕府の軍艦咸臨丸でアメリカに渡ります．そのとき，彼が驚いたこととして次のエピソードを伝えています．
　あるとき，福沢がアメリカ人に，初代大統領のワシントンの子孫は今どうしているのかと尋ねました．しかし，誰もその消息を知りませんでした．日本では徳川家康の子孫を知らない人間はいないのに，アメリカではそうではないということに，福沢はアメリカの自由の大きさを感じたのです．

参考文献
福沢諭吉（1978）『福翁自伝』岩波文庫

文明開化：ぶんめいかいか
断髪令：だんぱつれい
太陽暦：たいようれき
富国強兵：ふこくきょうへい
殖産興業：しょくさんこうぎょう
富岡製糸場：とみおかせいしじょう
地租改正：ちそかいせい
征韓論：せいかんろん
廃刀令：はいとうれい
士族：しぞく
西南戦争：せいなんせんそう

山県有朋：やまがたありとも
錦の御旗：にしき（の）みはた
後ろ盾：うし（ろ）だて
正規軍：せいきぐん
官軍：かんぐん
反乱軍：はんらんぐん
賊軍：ぞくぐん
軍艦：ぐんかん
咸臨丸：かんりんまる
鹿鳴館：ろくめいかん
舞踏会：ぶとうかい

COLUMN 10
不平等条約の改定

　幕末ペリーの来航で開国に踏み切らざるをえなくなった幕府は，アメリカ，イギリス，フランス，オランダ，ロシアとの間に，相次いで条約を結びます．これを安政の五カ国条約と呼びます．この条約が，日本に関税自主権がない，治外法権が認められているといった点で不平等条約であったため，明治政府は，その改定を目指します．鹿鳴館で開かれた舞踏会などにも，日本が欧米と同様の文明国であることを列強にアピールする狙いがあったと考えられます．しかし，条約改定はなかなか進まず，条約改定が完成するのは日露戦争後の1911（明治44）年のことでした．

SECTION 5 自由民権運動から憲法制定，アジアへの進出

1．重要年号

1873(明治6)年　明治6年の政変で西郷隆盛，板垣退助らが下野する
1874(明治7)年　民撰議院設立建白書が出される
1882(明治15)年　中江兆民が「民約訳解」を発表する
1884(明治17)年　朝鮮で甲申事変が起こる
1885(明治18)年　内閣制度が制定され，伊藤博文が初代総理大臣になる
　日本と清が天津条約を結び，朝鮮から撤兵する
　福沢諭吉が「脱亜論」を発表する
1889(明治22)年　大日本帝国憲法(明治憲法)が発布される
1894(明治27)年　日清戦争が起こる(～95年)，治外法権が撤廃される
1895(明治28)年　日本と清の間で下関条約が結ばれる
　三国干渉の結果，日本が清に遼東半島を返還する
1900(明治33)年　立憲政友会が結成される
　中国で北清事変(義和団事件)が起こる
1901(明治34)年　八幡製鉄所が始動する
　幸徳秋水らが社会民主党を結成する
1902(明治35)年　日英同盟が成立する
1904(明治37)年　日露戦争が始まる(～05年)
1905(明治38)年　ロシアで血の日曜日事件が起こる
　日本とロシアがポーツマス条約を結ぶ(日露戦争終結)
　日比谷焼き打ち事件が起こる
　東京で中国革命同盟会(中国同盟会)が結成される
1909(明治42)年　韓国統監の伊藤博文が安重根に暗殺される
1910(明治43)年　日本が韓国(朝鮮)を併合し，朝鮮総督府を置く
　大逆事件で幸徳秋水らが処刑される
1911(明治44)年　辛亥革命で清が倒れ，中華民国が成立する(総統：孫文)
　関税自主権が完全に認められる

ちょんまげ　　　　　散切り頭（木戸孝允）

2．時代の流れ

　明治六年の政変で下野した板垣退助らは，憲法の制定（立憲政治）を求めて，民撰議院設立建白書を政府に提出する．これ以降，自由民権運動が高まりを見せる．その中心で活躍した中江兆民は，ルソーの「社会契約論」を「民約訳解」として翻訳し，「東洋のルソー」と呼ばれた．
　こうした動きを受けて，内閣制度が制定され，伊藤博文が初代総理大臣に就任した．そして，大日本帝国憲法が制定されたが，これは，天皇が与える形の欽定憲法であり，国民が「臣民」と規定されるなど，自由民権運動の主張が十分に入れられたものではなかった．しかし，衆議院と貴族院の二院制で構成される帝国議会が開設され，日本は一応立憲主義の国となった．
　明治維新後，日本国内では朝鮮を武力で開国させようとする征韓論が高まった．そして，朝鮮国内でも日本の支援を受けた開国派によるクーデター（甲申事変）が起こったが，清の介入で開国派は敗れ，改革は挫折する．このクーデ

ターを支援していた福沢諭吉はその結果を見て，朝鮮の改革は不可能と考え，「脱亜論」を発表する．このとき，日本は清との間で天津条約を結んで朝鮮から撤兵するが，朝鮮進出の考えは強まり，日清戦争につながっていく．

朝鮮をめぐって清と日本の緊張が高まっていたが，朝鮮で甲午農民戦争（東学党の乱）が起こると，清が朝鮮政府の要請を受けて朝鮮に派兵し，日本もそれに対抗して派兵した．こうして，日本と清の間で日清戦争が勃発した．戦争は日本の勝利に終わり，日本と清は下関条約を結んで講和した．このとき，台湾，遼東半島などが日本に割譲された．しかし，遼東半島は，ロシアがフランス，ドイツを誘って行った三国干渉の結果，賠償金と引き替えに清に戻された．日本は不条約改正のうち，治外法権の撤廃に成功した．また，急速に拡大した鉄の需要に対応するために官営の八幡製鉄所が作られた．

中国では，扶清滅洋を掲げる義和団が反乱を起こす義和団事件（北清事変）が起こり，日本を含む列強は自国民の保護を口実に出兵して，反乱を鎮圧した．

ロシアの南下に脅威を感じていた日本はイギリスとの間に日英同盟を結んだ．これは日本が初めて対等な関係で結んだ条約であった．

満州（中国東北部）に勢力を増していたロシアに対し，韓国に進出していた日本は，満州でのロシアの優越権を認める代わりに韓国での日本の支配権を認めさせようと交渉を行ったが，交渉は不調に終わり，日本国内の主戦論にも押される形で，日本はロシアと開戦した．ロシア国内で血の日曜日事件が起こるなどロシアの士気が低かったことなどもあり，日本は日本海海戦などで勝利したが，戦費調達などの点で長期戦は不可能であったので，アメリカ大統領セオドア・ルーズベルトの調停を受け入れ，ロシアとの間にポーツマス条約を結んで講和した．この条約によって，日本は韓国における指導・監督権，旅順・大連の租借権などを獲得したが，賠償金を取ることはできなかった．これに不満を持った民衆は日比谷焼き討ち事件を起こした．日露戦争の勝利によって，日本は列強の仲間入りを果たし，関税自主権を獲得して不平等条約の改正に成功したが，黄禍論にもとづく反日感情も生まれ，特に，アメリカとの間の対立の

原因の1つとなっていく．

　日露戦争に際しては，キリスト教徒の立場から内村鑑三らが，社会主義の立場から幸徳秋水らが非戦論を唱えたり，与謝野晶子が「君死にたまふことなかれ」という反戦詩を発表したりした．

　幸徳秋水らは日本で初めての社会主義的な政党である社会民主党を結成し，後に堺利彦らは日本社会党を結成したが，その影響力はまだ大きなものではなかった．その後，幸徳秋水らが明治天皇の暗殺を計画したという容疑で逮捕され，幸徳らが処刑される大逆事件が起こり，社会主義運動は冬の時代を迎える．

　日本は韓国を併合し（日韓併合），朝鮮総督府を置いた．朝鮮総督府が置かれる前年には初代韓国統監の伊藤博文が安重根に暗殺されるという事件もあった．

　孫文らは東京で中国革命同盟会を結成し，こうした組織をもとに，辛亥革命を起こし，清朝を打倒し，中華民国を立てた．

3．歴史とことば

散切り頭をたたいてみれば文明開化の音がする

　江戸時代の男性の髪型であったちょんまげを切った髪型を「散切り頭」と言うが，この髪型は文明開化を目指す明治初期の象徴であり，そのことがこの表現に表れている．

板垣死すとも自由は死せず

　板垣退助は倒幕に影響力を持った土佐藩の出身で，明治新政府の要職に就いたが，征韓論で木戸孝允らと対立し，西郷隆盛とともに下野した．その後，自由民権運動の中心人物として活躍していたが，暴漢に襲われて負傷した．その際に，板垣が述べたとされるのがこのことばであり，その後，自由民権運動を象徴することばとなった．

4．重要な読み方

下野する：げや
立憲政治：りっけんせいじ
民撰議院設立建白書：みんせんぎいんせつりつけんぱくしょ
自由民権運動：じゆうみんけんうんどう
中江兆民：なかえちょうみん
内閣制度：ないかくせいど
総理大臣：そうりだいじん
大日本帝国憲法：だいにほんていこくけんぽう
制定する：せいてい
欽定憲法：きんていけんぽう
臣民：しんみん
衆議院：しゅうぎいん
貴族院：きぞくいん
甲申事変：こうしんじへん
介入する：かいにゅう
挫折する：ざせつ
脱亜論：だつあろん
天津条約：てんしんじょうやく
日清戦争：にっしんせんそう
甲午農民戦争：こうごのうみんせんそう
東学党の乱：とうがくとう（の）らん
勃発する：ぼっぱつ
下関条約：しものせきじょうやく
講和する：こうわ

台湾：たいわん
遼東半島：りょうとうはんとう
割譲する：かつじょう
三国干渉：さんごくかんしょう
賠償金：ばいしょうきん
撤廃する：てっぱい
八幡製鉄所：やはたせいてつしょ
扶清滅洋：ふしんめつよう
義和団：ぎわだん
北清事変：ほくしんじへん
を口実に：（を）こうじつ（に）
日英同盟：にちえいどうめい
満州：まんしゅう
士気：しき
ポーツマス条約：ポーツマスじょうやく
旅順：りょじゅん
大連：だいれん
日比谷焼き討ち事件：ひびやや（き）う（ち）じけん
黄禍論：こうかろん
内村鑑三：うちむらかんぞう
幸徳秋水：こうとくしゅうすい
非戦論：ひせんろん
与謝野晶子：よさのあきこ
堺利彦：さかいとしひこ
大逆事件：たいぎゃくじけん
併合する：へいごう

朝鮮総督府：ちょうせんそうとくふ
安重根：あんじゅんぐん
孫文：そんぶん
中国革命同盟会：ちゅうごくかくめいどうめいかい
辛亥革命：しんがいかくめい

中華民国：ちゅうかみんこく
散切り頭：ざんぎ（り）あたま
要職に就く：ようしょく（に）つ（く）
手形：てがた
山の手：やま（の）て
方言札：ほうげんふだ

COLUMN 11
天は人の上に人を造らず人の下に人を造らず

　これは，福沢諭吉の『学問のすゝめ』の最初に出てくることばです．福沢のこの本は明治時代最大のベストセラーの1つですが，「門閥政治は親の敵（かたき）」と言うほど江戸時代の身分制の弊害を実感していた福沢の考え方がこのことばによく表れています．福沢はこの本の中で，人間の「権理通義」（今の基本的人権に相当）は全ての人において完全に平等であり，どのような権力もそれを侵してはならないと主張します．その一方で，「有様」（社会的属性に相当）の違いは当然であると考えます．こうした主張や，後年の「脱亜論」などに関して，現代の目から見て批判の余地があることは確かですが，学問を修めれば身分の違いに関係なく自己実現が可能だというこの本の理念は，子どもの貧困が先進国で最悪水準にある現在の日本においてなお，真剣に考える価値のあるものと言えるのではないでしょうか．

参考文献
阿部彩（2008）『子どもの貧困』岩波新書
阿部彩（2014）『子どもの貧困Ⅱ』岩波新書
福沢諭吉（1978）『学問のすゝめ』岩波文庫

福沢諭吉

三酔人経綸問答：さんすいじんけいりんもんどう
（思想に）触れる：ふ（れる）

理論的支柱：りろんてきしちゅう
並び称される：なら（び）しょう（される）

COLUMN 12
標準語の制定と方言札

　江戸時代は多様な文化が花開いた時代でした．ことばについてこのことをよく表しているのが「なまりは国の手形」という言い回しです．手形というのは，現在の身分証またはパスポートに当たるもので，江戸時代，国内旅行の際に携帯が義務づけられていました．上の言い回しは，その人の話すことばを聞けば，（手形のように）その人の出身地がわかるということで，各地の方言が互いに大きく異なっていたことがわかります．

　明治になって，教育や軍事など，近代化の中でことばの統一，つまり，「標準語」の制定が必要となりました．最終的に，「標準語」は東京の山の手のことばを基準に作られます．この標準語の制定と軌を一にして，「方言」に対する弾圧が始まります．東北や沖縄などでは，「方言札」というものが使われ，授業中に方言で話した場合には，それを首からかけて立たされるといった罰を受けることがありました．こうした形で弾圧された各地の方言が一定の復権を遂げるのは，20世紀末のごく最近のことです．

参考文献
庵功雄（2013）「「いつか来た道」を繰り返さないために──方言と「やさしい日本語」」『日本語教育・日本語学の「次の一手」』くろしお出版
井谷泰彦（2006）『沖縄の方言札』ボーダーインク
真田信治（1991）『標準語はいかに成立したか』創拓社

COLUMN 13
東洋のルソー　中江兆民

　中江兆民は，岩倉使節団に同行してフランスに渡り，ルソーの思想などに触れます．帰国後は，ルソーの『社会契約論』を翻訳するなど，自由民権運動の理論的支柱として活躍し，「東洋のルソー」と呼ばれます．第一回帝国議会に衆議院議員として参加しますが，政府の予算案をめぐる政争で辞職します．兆民は明治の思想家として，福沢と並び称されることもありますが，福沢が「有様の平等」を目指さず自由民権運動から距離を置いたのに対し，兆民はより広い意味の「自由」を目指すべきことを主張しました．兆民の思想については，現代語訳もある『三酔人経綸問答』や，文体がやや難解ですが，『中江兆民評論集』などを参照してください．

参考文献
正田庄次郎（1993）『抵抗の系譜――福沢諭吉・中江兆民・河上肇・石橋湛山』近代文芸社
中江兆民（桑原武夫・島田虔次訳注）（1965）『三酔人経綸問答』岩波文庫
中江兆民（松永昌三編）（1993）『中江兆民評論集』岩波文庫
松永昌三（2001）『福沢諭吉と中江兆民』中公新書
NHK取材班（2012）『日本人は何を考えてきたのか 明治編――文明の扉を開く』NHK出版

中江兆民

SECTION 6 大正デモクラシー，明治大正の文化

1．重要年号

1885(明治18)年　足尾銅山鉱毒事件に関する最初の報道がなされる
1890(明治23)年　森鷗外が「舞姫」を発表する
1894(明治27)年　日清戦争が起こる(〜95年)
1896(明治29)年　樋口一葉が「たけくらべ」を発表する
1901(明治34)年　八幡製鉄所が始動する
　　　　　　　　田中正造が明治天皇に直訴を行う
1904(明治37)年　日露戦争が始まる(〜05年)
1905(明治38)年　夏目漱石が『吾輩は猫である』を発表する
1910(明治43)年　日本が韓国(朝鮮)を併合し，朝鮮総督府を置く
　　　　　　　　石川啄木の『一握の砂』が発表される
1911(明治44)年　辛亥革命で清が倒れ，中華民国が成立する（総統：孫文）
1912(明治45＝大正元)年　明治天皇崩御，大正天皇が即位(7月30日)
　　　　　　　　美濃部達吉が天皇機関説を発表する
　　　　　　　　第一次護憲運動が起こる
1914(大正3)年　第一次世界大戦が勃発する(〜18年)
1915(大正4)年　日本が中国の袁世凱政権に二十一カ条の要求を出す
　　　　　　　　芥川龍之介が「羅生門」を発表する
1916(大正5)年　吉野作造が民本主義を発表する
　　　　　　　　河上肇が「貧乏物語」を発表する
1917(大正6)年　ロシア革命が起こる
1918(大正7)年　日本がシベリア出兵を行う(〜22年)
　　　　　　　　米騒動が起こる
1919(大正8)年　朝鮮で三・一独立運動が起こる
　　　　　　　　中国で五・四運動が起こる
1920(大正9)年　平塚らいてう，市川房枝らが新婦人協会を結成する
1921(大正10)年　石橋湛山が「大日本主義の幻想」を発表する
1922(大正11)年　ワシントン海軍軍縮会議が開かれる
　　　　　　　　全国水平社，日本共産党が結成される
1923(大正12)年　関東大震災が起こる
1925(大正14)年　普通選挙法，治安維持法が成立する
　　　　　　　　ラジオ放送が始まる
1927(昭和2)年　芥川龍之介が自殺する
1931(昭和6)年　宮沢賢治が「雨ニモマケズ」を書く

夏目漱石　　　　　　　　樋口一葉

2．時代の流れ

　日本は第一次世界大戦に参戦し，中国におけるドイツの権益を奪った．さらに，孫文を追放して政権を奪った袁世凱政権に二十一カ条の要求を突きつけてその大部分を承諾させた．さらに，ロシア革命が起こると，これに干渉するためにシベリア出兵を行った．こうした日本の動きに対し，1919年には，日本の植民地支配からの独立を求める三・一独立運動がソウルで，対華二十一カ条の要求に反対する五・四運動が北京で起こった．
　こうした日本の膨張主義（大日本主義）に対し，石橋湛山は「大日本主義の幻想」などを書いてその危険性を指摘し続けた．
　明治以降，殖産興業をスローガンに近代化が進められたが，次第にそのひずみも出てきた．明治時代に日本最大の銅鉱山となった足尾銅山では精錬過程で出た排ガスや排水が地域住民の健康に深刻な被害を与えていた．この足尾鉱毒事件は日本初の公害問題と考えられている．衆議院議員であった田中正造はこ

の問題に生涯取り組み，命がけで明治天皇への直訴も行った．

　明治天皇が崩御し，大正天皇が即位して大正時代（1912年～26年）が始まった．大正時代は，第一次世界大戦の大戦景気で経済がよくなったことなどを受けて「大正デモクラシー」と呼ばれるさまざまな動きが現れた．

　憲法学者の美濃部達吉は，国家を法人と見，天皇を議会や裁判所などと同じくその機関の1つと見る「天皇機関説」を提唱した．一方，吉野作造は民主主義とは一線を画すものの国民の権利の擁護を目指す「民本主義」を唱えた．また，経済学者河上肇が新聞に連載した「貧乏物語」は，当時社会問題化し始めていた「貧乏」を直視したものとして広く読まれた．

　明治末期の政治は旧薩摩藩と長州藩出身の元老と呼ばれる政治家たちによって行われる藩閥政治となっていた．これに対し，犬養毅や尾崎行雄らは藩閥政治の打倒を掲げて第一次護憲運動を展開した．

　一方，平塚らいてうや市川房枝らは新婦人協会を設立して女性の権利の向上を訴えた．1922年には部落解放を目指す全国水平社と，コミンテルン（共産主義インターナショナル）の影響を受けた日本共産党が設立された．

　第一次世界大戦後の好景気や日本国内での米の需要の拡大などにより米価が急騰した．これに対し，米価の引き下げを求める運動が各地で起こった．これを米騒動と呼ぶ．この運動の結果，寺内正毅内閣は退陣し，原敬内閣が誕生した．原は爵位を持たない初めての総理ということで，「平民宰相」と呼ばれた．

　1923年9月1日に起こった関東大震災で東京は壊滅的な被害を受けた．このとき，朝鮮人が暴動を起こすという流言飛語（デマ）が流れ，多くの朝鮮人や中国人が殺害された．また，この際，無政府主義者の大杉栄らが憲兵によって虐殺された（山崎今朝弥（1982）『地震・憲兵・火事・巡査』岩波文庫参照）．

　大正デモクラシーの成果として，1925年には満25歳以上の全ての男子に参政権を付与する普通選挙法が成立したが，同じ年に，治安維持法が成立し，これ以降，政府に批判的な言論を弾圧する手段として使われるようになっていく．

　明治時代には話しことばに近い文体で小説を書こうとする「言文一致運動」

が起こった．言文一致体は夏目漱石の『吾輩は猫である』などで完成を見た．森鷗外は漱石と並ぶ明治文学を代表する作家であると同時に軍医としてもトップの地位に立った．樋口一葉は近代における最初の女流小説家となったが，肺結核のため24歳で亡くなった．石川啄木は新しい感性にもとづく短歌を発表したが，生前はあまり知られることはなく肺結核のため26歳で亡くなった．宮沢賢治は岩手県の農学校の教師をしながら詩や童話を書いていたが，生前はほとんど世に知られることはなかった．37歳で亡くなった後，「雨ニモマケズ」「銀河鉄道の夜」など多くの作品が広く知られるようになった．芥川龍之介は「羅生門」「藪の中」など多くの優れた短編小説を著したが，昭和になってすぐに(1927年)35歳で自殺した．また，中原中也や荻原朔太郎らは新感覚の近代詩を発表した．

　大正時代には都市労働者が増え，モボモガ（モダンボーイ，モダンガール）と呼ばれる若者たちも現れた．また，大正末期にはラジオの全国放送が始まり，大衆文化の普及に貢献した．

3．歴史とことば

藪の中
芥川龍之介の小説の題名から来た表現で，事件などの真相が解明されないままで終わったときに使われる．

石川啄木 (1886-1912) の短歌（「一握の砂」より）
　たはむれに　母を背負いて　そのあまり
　　軽きに泣きて　三歩あゆまず
　　　＊たはむれに：冗談で　あゆまず：歩けない

石川啄木

はたらけど　はたらけど猶(なお)
　わが生活(くらし)　楽にならざり　ぢつと手を見る

友がみな　われよりえらく　見ゆる日よ
　花を買い来て　妻としたしむ

汚れつちまつた悲しみに　中原中也(1907-1937)の詩(『山羊の歌』(1934年)より)

汚れつちまつた悲しみに
今日も小雪の降りかかる
汚れつちまつた悲しみに
今日も風さへ吹きすぎる

汚れつちまつた悲しみは
たとへば狐(きつね)の革裘(かはごろも)
汚れつちまつた悲しみは
小雪のかかつてちぢこまる

汚れつちまつた悲しみは
なにのぞむなくねがふなく
汚れつちまつた悲しみは
懈怠(けたい)のうちに死を夢む

汚れつちまつた悲しみに
いたいたしくも怖気(おじけ)づき
汚れつちまつた悲しみに
なすところなく日は暮れる……

中原中也

＊革裘：毛皮で作った防寒具　＊懈怠：なまける　＊夢む：夢見る
＊怖気づく：怖がる，怖れる　＊なすところなく：何もできないまま

雨ニモマケズ　宮沢賢治（1896-1933）　1931（昭和6）年の詩

雨ニモマケズ
風ニモマケズ
雪ニモ夏ノ暑サニモマケヌ
丈夫ナカラダヲモチ
慾ハナク
決シテ瞋ラズ
イツモシヅカニワラッテヰル
一日ニ玄米四合ト
味噌ト少シノ野菜ヲタベ
アラユルコトヲ
ジブンヲカンジョウニ入レズニ
ヨクミキキシワカリ
ソシテワスレズ
野原ノ松ノ林ノ蔭ノ
小サナ萱ブキノ小屋ニヰテ
東ニ病気ノコドモアレバ
行ッテ看病シテヤリ
西ニツカレタ母アレバ
行ッテソノ稲ノ束ヲ負ヒ
南ニ死ニサウナ人アレバ
行ッテコハガラナクテモイヽトイヒ
北ニケンクヮヤソショウガアレバ
ツマラナイカラヤメロトイヒ
ヒドリノトキハナミダヲナガシ
サムサノナツハオロオロアルキ
ミンナニデクノボートヨバレ

ホメラレモセズ
クニモサレズ（苦）
サウイフモノニ（そ）
ワタシハナリタイ　　　　　＊木偶（でく）の坊：役に立たないもの

4．重要な読み方

第一次世界大戦：だいいちじせかいたいせん
参戦する：さんせん
権益：けんえき
袁世凱：えんせいがい
二十一カ条：にじゅういっかじょう
承諾する：しょうだく
三・一独立運動：さんいちどくりつうんどう
五・四運動：ごしうんどう
北京：ぺきん
膨張主義：ぼうちょうしゅぎ
石橋湛山：いしばしたんざん
足尾銅山：あしおどうざん
精錬：せいれん
足尾鉱毒事件：あしおこうどくじけん
公害：こうがい
田中正造：たなかしょうぞう
生涯：しょうがい
直訴する：じきそ
崩御する：ほうぎょ
大戦景気：たいせんけいき
美濃部達吉：みのべたつきち
天皇機関説：てんのうきかんせつ
吉野作造：よしのさくぞう
民主主義：みんしゅしゅぎ
一線を画す：いっせん（を）かく（す）

擁護する：ようご
民本主義：みんぽんしゅぎ
河上肇：かわかみはじめ
貧乏物語：びんぼうものがたり
藩閥政治：はんばつせいじ
犬養毅：いぬかいつよし
尾崎行雄：おざきゆきお
護憲運動：ごけんうんどう
平塚らいてう：ひらつからいちょう
市川房枝：いちかわふさえ
新婦人協会：しんふじんきょうかい
部落解放：ぶらくかいほう
全国水平社：ぜんこくすいへいしゃ
日本共産党：にほんきょうさんとう
急騰する：きゅうとう
米騒動：こめそうどう
寺内正毅：てらうちまさたけ
原敬：はらたかし
爵位：しゃくい
平民宰相：へいみんさいしょう
関東大震災：かんとうだいしんさい
壊滅的な：かいめつてき
暴動：ぼうどう
流言飛語：りゅうげんひご
大杉栄：おおすぎさかえ
虐殺する：ぎゃくさつ
参政権：さんせいけん

普通選挙法：ふつうせんきょほう
治安維持法：ちあんいじほう
言文一致運動：げんぶんいっちうんどう
夏目漱石：なつめそうせき
吾輩：わがはい
森鷗外：もりおうがい
軍医：ぐんい
樋口一葉：ひぐちいちよう
肺結核：はいけっかく
石川啄木：いしかわたくぼく

短歌：たんか
生前：せいぜん
宮沢賢治：みやざわけんじ
芥川龍之介：あくたがわりゅうのすけ
羅生門：らしょうもん
藪の中：やぶ（の）なか
中原中也：なかはらちゅうや
荻原朔太郎：はぎわらさくたろう
大衆文化：たいしゅうぶんか
反戦歌：はんせんか
思いやる：おも（いやる）

COLUMN 14
足尾鉱毒事件と田中正造

　明治時代を代表するスローガンの1つが「殖産興業」です．このスローガンのもと，各地で開発が行われましたが，栃木県の足尾銅山もその1つでした．そして，銅の精錬過程で生じた煤煙や廃液のために，自然環境が破壊され，健康被害も発生しました．この足尾鉱毒事件は，日本初の公害事件と言われています．衆議院議員であった田中正造はこの問題を取り上げ，その解決を目指して，明治天皇に直訴するという命がけの行為に及びます．このとき，田中が持っていた直訴状は，大逆事件で処刑された幸徳秋水が書いたとされています．その原文は次のところで読むことができます．

http://www.aozora.gr.jp/cards/000649/files/4889_10240.html（全文）

http://www.japanpen.or.jp/e-bungeikan/guest/pdf/tanakasyozo.pdf（概要）

田中正造

COLUMN 15
君死にたまふことなかれ

　これは，情熱的な歌風で知られる女流歌人与謝野晶子が1904（明治37）年に発表した詩で，内容は，日露戦争に召集された弟の生還を祈った反戦歌です．晶子は生涯一貫して反戦的な立場をとったわけではありませんが，この詩には肉親のことを思いやる率直な気持ちが満ちあふれています．

君死にたまふことなかれ（与謝野晶子）〈1904（明治37）年〉

あゝおとうとよ，君を泣く
君死にたまふことなかれ
末に生まれし君なれば
親のなさけはまさりしも
親は刃（やいば）をにぎらせて
人を殺せとをしへしや
人を殺して死ねよとて
二十四までをそだてしや

堺の街のあきびとの
旧家をほこるあるじにて
親の名を継（つ）ぐ君なれば
君死にたまふことなかれ
旅順の城はほろぶとも
ほろびずとても何事ぞ
君は知らじな，あきびとの
家のおきてに無かりけり

君死にたまふことなかれ
すめらみことは戦ひに
おほみずから出でまさね

与謝野晶子

かたみに人の血を流し
獣(けもの)の道で死ねよとは
死ぬるを人のほまれとは
おほみこころのふかければ
もとよりいかで思(おぼ)されむ

あゝおとうとよ戦ひに
君死にたまふことなかれ
すぎにし秋を父ぎみに
おくれたまへる母ぎみは
なげきの中にいたましく
わが子を召(め)され，家を守(も)り
安しときける大御代(おおみよ)も
母(が)のしら髪はまさりぬる

暖簾(のれん)のかげに伏して泣く
あえかにわかき新妻(にいづま)を
君わするるや，思へるや
十月(とつき)も添(そ)はで　別れたる
少女(をとめ)ごころを思ひみよ
この世ひとりの君ならで
ああまた誰(たれ)をたのむべき
君死にたまふことなかれ

＊死にたまふ：「死ぬ」の尊敬語　＊なかれ：ないでください
＊末に生まれし：末っ子として生まれた　＊なさけ：愛情
＊をしへしや：教えたのだろうか（いや，教えてはいない）
＊堺：大阪の都市名　＊あきびと：商人　＊あるじ：主人
＊旅順：日露戦争の激戦地　＊何事ぞ：何の関係もない
＊知らじな：知らないのか　＊すめらみこと：天皇陛下
＊おほみずから：ご自身で　＊出でまさね：お出でにならないのに
＊おほみこころ：天皇陛下のお心　＊ふかければ：深いので
＊いかで思されむ：思われるだろうか（思われるはずがない）
＊すぎにし秋を〜：去年の秋にお父さんに先立たれたお母さんは
＊大御代：天皇陛下のご治世　＊あえかに：か弱く
＊添はで：いっしょに暮らさないで

SECTION 7 昭和恐慌，ファシズムの台頭から日中全面戦争へ

1．重要年号

1912(明治45＝大正元)年　大正に改元，美濃部達吉が天皇機関説を発表する
1917(大正6)年　ロシア革命が起こる，
1918(大正7)年　第一次世界大戦が終結する
1919(大正8)年　パリ講和会議が開かれ，ベルサイユ条約が締結される
1920(大正9)年　国際連盟が発足する（アメリカ合衆国は不参加）
1922(大正11)年　ワシントン海軍軍縮条約が締結される
1923(大正12)年　関東大震災が起こる
1924(大正13)年　レーニンが死去し，スターリンがソ連の権力を掌握
1925(大正14)年　普通選挙法，治安維持法が施行される，
イタリアでムッソリーニが政権に就く
1926(大正15＝昭和元)年　昭和に改元（12月25日）
1927(昭和2)年　金融恐慌が起こる
1928(昭和3)年　張作霖爆殺事件が起こる
1929(昭和4)年　世界恐慌が始まる
1930(昭和5)年　ロンドン海軍軍縮条約を批准する，
統帥権干犯問題が起こる，
浜口雄幸首相が狙撃され死亡する
1931(昭和6)年　関東軍が柳条湖事件を起こす（満州事変勃発），重要産業統制法が制定される
1932(昭和7)年　海軍青年将校たちが犬養毅首相を殺害（五・一五事件），
関東軍が溥儀を皇帝に立てて満州国を建国する
1933(昭和8)年　小林多喜二が特高警察によって拷問の上殺される，日本が国際連盟を脱退する
フランクリン・ルーズベルトがアメリカ大統領に就任し，ニューディール政策を開始する
1934(昭和9)年　ドイツでヒトラーが政権を掌握する
1935(昭和10)年　天皇機関説が国会で問題とされる（天皇機関説問題）
1936(昭和11)年　陸軍青年将校が高橋是清蔵相を殺害(二・二六事件)，西安事件が起こる
1937(昭和12)年　日独伊三国防共協定が締結される，
盧溝橋事件をきっかけに日中戦争が始まる，
第二次国共合作が成立する，
南京事件（南京大虐殺）が起こる

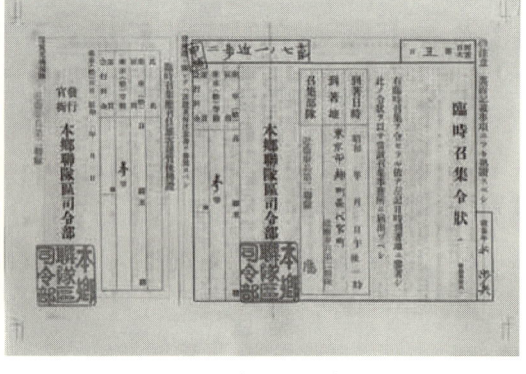

「ぜいたくは敵だ」　　　　赤紙（召集令状）

2．時代の流れ

　昭和に入ってすぐ，銀行への取り付け騒ぎから金融恐慌が起こり，それがアメリカを震源とする世界恐慌の影響を受けて，昭和恐慌となった．この結果，銀行の統合が進み，重要産業統制法が敷かれて統制経済のきっかけが作られた．

　世界恐慌に対応するため，アメリカでは，フランクリン・ルーズベルト大統領のもと，大規模な公共投資などを行うニューディール政策がとられた．一方，ヨーロッパでは，イタリアでムッソリーニが，ドイツでヒトラーが権力を掌握し，ファシズム（全体主義）的な政策を進めていった．

　第一次世界大戦後のあり方を話し合ったパリ講和会議で，ベルサイユ条約が結ばれ，国際連盟も創設されたが，その提唱者であったウィルソン大統領のアメリカでは，国際連盟への参加が議会で批准されず，アメリカは国際連盟に不参加となった．

　ワシントン海軍軍縮条約で規制されていなかった種類の軍艦の保有率につい

て取り決めるためロンドン海軍軍縮条約が締結されたが，その批准をめぐって浜口雄幸内閣に対する批判が高まり，浜口首相は右翼に狙撃され死亡する．これ以降，統帥権（干犯）という概念が大きな力を持つようになっていく．

満州（現在の中国東北部）に進出していた関東軍は北方軍閥の張作霖を爆殺した．さらに，柳条湖事件を起こし，それを口実に満州事変を引き起こした．これ以降，太平洋戦争末まで続く戦争を「十五年戦争」と呼ぶ．

ロンドン海軍軍縮条約や政党政治の腐敗に対する不満を解決するという名目で，右翼がテロを起こした．さらに，海軍の青年将校が当時の犬養毅首相を殺害した（五・一五事件）．これをきっかけに，政党内閣制は崩壊する．1936年には陸軍青年将校の一部がクーデターを起こし，軍縮を推進していた高橋是清蔵相を射殺した（二・二六事件）．クーデターは鎮圧されたが，これ以降，軍部による政治介入はいっそう強くなった．

関東軍は清朝最後の皇帝溥儀を皇帝とする満州国を建国し，満州への介入を強めた．しかし，満州国は国際的に承認されなかったため，日本は国際連盟を脱退し，国際的に孤立する．そして，ムッソリーニ率いるイタリア，ヒトラー率いるドイツと接近し，日独伊三国防共協定を結んで枢軸陣営を形成していく．

中国での戦闘は盧溝橋事件をきっかけに日中戦争に拡大した．中国国内では，張作霖の息子の張学良が蒋介石を監禁した西安事件をきっかけに第二次国共合作が成立した．そして，日本軍の中国大陸への侵略が始まる中で「南京事件（南京大虐殺）」が起こった．

治安維持法のもと，反体制的な政治活動は厳しく取り締まられ，小林多喜二のように，特高警察によって拷問を受けたり，殺されたりする者も数多くいた．また，軍や右翼が力を持つにつれ，自由主義的な考え方も非難の対象となり，昭和天皇も支持していた美濃部達吉の天皇機関説までもが国会で問題とされた．こうして，日本は，ファシズム，全体主義の社会になっていった．

3. 歴史とことば

ぜいたくは敵だ
戦争中のスローガン．このことばのもと，パーマや洋服などがぜいたくだとして非難の対象になっていった．

欲しがりません，勝つまでは
同じく戦争中のスローガンで，耐乏生活を我慢させるためのものであった．

4. 重要な読み方・表現

金融恐慌：きんゆうきょうこう
震源：しんげん
重要産業統制法：じゅうようさんぎょうとうせいほう
統制経済：とうせいけいざい
公共投資：こうきょうとうし
掌握する：しょうあく
パリ講和会議：こうわかいぎ
国際連盟：こくさいれんめい
創設する：そうせつ
提唱者：ていしょうしゃ
軍縮：ぐんしゅく
軍艦：ぐんかん
浜口雄幸：はまぐちおさち
右翼：うよく
狙撃する：そげき

統帥権（干犯）：とうすいけん（かんぱん）
満州：まんしゅう
関東軍：かんとうぐん
北方軍閥：ほっぽうぐんばつ
張作霖：ちょうさくりん
柳条湖事件：りゅうじょうこじけん
口実：こうじつ
満州事変：まんしゅうじへん
腐敗する：ふはい
名目：めいもく
青年将校：せいねんしょうこう
殺害する：さつがい
崩壊する：ほうかい
鎮圧する：ちんあつ
溥儀：ふぎ

満州国：まんしゅうこく
日独伊三国防共協定：にちどくいさんごくぼうきょうきょうてい
枢軸陣営：すうじくじんえい
高橋是清：たかはしこれきよ
蔵相：ぞうしょう
盧溝橋事件：ろこうきょうじけん
日中戦争：にっちゅうせんそう
張学良：ちょうがくりょう
蔣介石：しょうかいせき
西安事件：せいあんじけん
第二次国共合作：だいにじこっきょうがっさく
侵略する：しんりゃく

南京大虐殺：なんきんだいぎゃくさつ
小林多喜二：こばやしたきじ
特高警察：とっこうけいさつ
拷問：ごうもん
自由主義：じゆうしゅぎ
耐乏生活：たいぼうせいかつ
魯迅：ろじん
志す：こころざ（す）
藤野源九郎：ふじのげんくろう
幻燈：げんとう
合作する：がっさく
排斥する：はいせき
内山完造：うちやまかんぞう

COLUMN 16
元始女性は太陽であった

平塚らいてうは，明治から昭和にかけて，女性の地位向上や反戦・平和に関する運動で活躍した女性です．らいてうが創刊した『青鞜』の創刊の辞にらいてうが書いたのが「元始女性は太陽であった」で始まる以下の文章です．女性の解放を高らかに歌い上げたこの文章の全文は日本ペンクラブの Web サイトなどで読むことができます．

元始女性は太陽であつた．――青鞜発刊に際して――

元始，女性は実に太陽であつた．真正の人であつた．今，女性は月である．他に依つて生き，他の光によつて輝く，病人のやうな蒼白い顔の月である．

俉てこゝに「青鞜」は初声を上げた．
　現代の日本の女性の頭脳と手によつて始めて出来た「青鞜」は初声を上げた．
　女性のなすことは今は只嘲りの笑を招くばかりである．
　私はよく知つてゐる，嘲りの笑の下に隠れたる或ものを．

　そして私は少しも恐れない．
　併し，どうしやう女性みづからがみづからの上に更に新にした羞恥と汚辱の惨ましさを．
　女性とは斯くも嘔吐に価するものだらうか，
　否々，真正の人とは――

　私共は今日の女性として出来る丈のことをした．心の総てを尽してそして産み上げた子供がこの「青鞜」なのだ．よし，それは低能児だらうが，奇形児だらうが，早生児だらうが仕方がない，暫くこれで満足すべきだ，と．
　果して心の総てを尽したらうか．あゝ，誰か，誰か満足しやう．
　私はこゝに更により多くの不満足を女性みづからの上に新にした．

　女性とは斯くも力なきものだらうか，
　否々，真正の人とは――（以下，略）

＊元始：はじめ　＊他に依つて：他人に頼って
＊産声：赤ちゃんが最初に出す泣き声　＊嘲りの笑を招く：馬鹿にされる
＊羞恥：恥ずかしさ　＊汚辱：汚らわしさ
＊嘔吐に価する：吐き気を引き起こす
＊否々：いやいや
＊奇形児：障害児（現代では，差別語であるとして普通使われない）
＊斯くも：このように

http://www.japanpen.or.jp/e-bungeikan/guest/publication/hiratsukaraiteu.html

平塚らいてう

COLUMN 17
藤野先生～魯迅と日本人～

　魯迅は現代中国を代表する作家ですが，最初は医学を志し，仙台医学専門学校（現東北大学医学部）に留学します．そのとき，指導に当たった藤野源九郎は魯迅の講義ノートを丁寧に添削するなど熱心に指導しました．あるとき，日露戦争のスライド（幻燈）を見た魯迅は，その中の，ロシア人のスパイとして中国人が殺される場面で，それを周りでのんきに見物している中国人の存在を見て強いショックを受けます．そして，魯迅は，今の中国に必要なのは，肉体を治療することよりも精神を治療することであると考え，作家として生きることを決意し帰国します．このあたりの事情は，魯迅の「藤野先生」という短編小説によって広く知られています．

　その後，日本の大陸侵略が進むと，魯迅は，国民党と共産党が合作して日本と戦うべきであると主張し，日本を厳しく批判します．そのため，魯迅は日本人から排斥されますが，そうした魯迅を支援した中心人物も，上海で内山書店を経営していた内山完造らの日本人でした．

参考文献
井上ひさし（1991）『シャンハイムーン』集英社
魯迅（松枝茂夫訳）（1959）「藤野先生」『朝花夕拾』岩波文庫

魯迅

SECTION 8

太平洋戦争

1．重要年号

1925(大正14)年　普通選挙法，治安維持法が施行される，
イタリアでムッソリーニが政権に就く

1926(大正15＝昭和元)年　昭和に改元

1931(昭和6)年　満州事変が勃発する，重要産業統制法が制定される

1932(昭和7)年　五・一五事件が起こる，関東軍が満州国を建国する

1933(昭和8)年　日本が国際連盟を脱退，ドイツでヒトラーが政権を掌握

1936(昭和11)年　二・二六事件が起こる

1937(昭和12)年　日独伊三国防共協定締結，近衛文麿が首相となる日中戦争が始まる，国民精神総動員運動が始まる

1938(昭和13)年　国家総動員法が成立する

1939(昭和14)年　第二次世界大戦が起こる

1940(昭和15)年　大政翼賛会が結成される，
皇紀2600年の祝賀が行われる，
日独伊三国同盟締結

1941(昭和16)年　日ソ中立条約が結ばれる，東条英機が首相となる，米が配給制となる，全国中等学校野球大会が中止される，
真珠湾攻撃をきっかけに太平洋戦争開戦（12月8日）

1942(昭和17)年　ミッドウェー海戦で日本軍が敗北する

1943(昭和18)年　学徒出陣が開始される，イタリアが連合国に降伏する

1944(昭和19)年　アメリカ軍機による空襲が始まる

1945(昭和20)年　ヤルタ会議が行われる（2月），
東京，大阪などでアメリカ軍による大空襲（3月など），
沖縄戦（4月～6月），ドイツ連合国に降伏する（5月），
ポツダム宣言が日本に向けて出される（7月26日），
アメリカ軍による原子爆弾投下（8月6日広島，9日長崎），ソ連が対日参戦する（8月8日），
ポツダム宣言を受諾して無条件降伏する（8月15日）

焦土　　　　　　　　　　　　原爆

2．時代の流れ

　近衛文麿政権は盧溝橋事件をきっかけに始まった日中戦争を収束することができず，戦争は日中全面戦争に拡大していった．
　ヨーロッパではドイツがポーランドに侵攻して第二次世界大戦が勃発した．日本は初期の戦闘で優位に立ったドイツ，イタリアと日独伊三国同盟を結び，蘭領東インド（現インドネシア）や仏領インドシナ（現ベトナム，カンボジア，ラオス）などへの南進の計画を進めた．
　そうした流れの中，経済や社会生活を政府の統制下に置く国家総動員法が成立し，国民徴用令によって，一般国民が軍需工場などで働かされることになった（勤労奉仕）．さらに，既存政党が解体して，大政翼賛会となり，日本の政党政治は完全に消滅した．一方，国民は隣組などの形で，相互監視の中に置かれるようになる．
　南進を計画する軍部はアメリカとの戦争を想定し，対米戦を回避しようとしていた近衛文麿を退陣させ，東条英機が首相となった．そして，1941（昭和16）年12月8日に，日本はハワイの真珠湾を奇襲し，アメリカ，イギリスとの間で太平洋戦争を開始した．

日本は，この戦争を欧米の占領下にあるアジアを開放するための戦争と位置づけ，戦争の目的を，日本を盟主とする大東亜共栄圏を建設することだと主張した．そのため，この戦争は大東亜戦争と呼ばれることもある．しかし，戦争の実態は侵略戦争に他ならなかったため，アジア各地で反日運動が起きた．さらに，アメリカとの戦いも，ミッドウェー海戦以降，戦局は急速に悪化していった．戦局の悪化にともない，それまで徴兵を猶予されていた大学生も徴兵されるようになった（学徒出陣）．

　国民精神総動員運動の影響で，娯楽が著しく制限される一方，米など多くの物資が配給制となり，太平洋戦争の末期になると，サツマイモのつるしか食べられないような状態になるなど食生活の水準も急速に低下していった．

　1944（昭和19）年からアメリカ軍による日本本土への爆撃（空襲）は行われていたが，1945（昭和20）年3月には，東京，大阪，名古屋，神戸などで，民間人も対象とする無差別爆撃（大空襲）が行われ，3月10日の東京大空襲だけでも約10万人が死亡したとされている．空襲はこれだけではなく，全国の多くの都市でも行われ，日本は焦土と化していった．

　連合国の首脳（イギリス：チャーチル，アメリカ：ルーズベルト，ソ連：スターリン）は1945（昭和20）年2月にヤルタで秘密会談（ヤルタ会談）を行い，戦後のドイツの分割統治，ソ連の対日参戦などを秘密のうちに決めていた．

　アメリカ軍は4月に沖縄に上陸し，沖縄駐留の日本軍や沖縄在住の市民との間で激しい戦いが行われた（沖縄戦）．この戦闘では，多くの市民が死亡したが，中にはアメリカ軍への投降を避けるための集団自殺（いわゆる「集団自決」）もあった．沖縄戦は，太平洋戦争（を含む近代日本の全ての戦争）の中で，唯一，日本の領土内で地上戦が行われたケースである．

　連合国は日本に対し，無条件降伏を求めるポツダム宣言を通告した（7月26日）．しかし，日本政府はこれに対する対応に手間取った．その間に，広島に原爆が投下され，ソ連がヤルタ会談における密約にしたがって参戦し，さらに長崎にも原爆が投下されたにもかかわらず，日本政府がポツダム宣言の受諾を

決定したのは8月14日であった．ポツダム宣言の受諾と日本の無条件降伏を記した「終戦の詔書」は昭和天皇によって読み上げられ，録音された．そして，その音声は8月15日の正午にラジオで全国に流され（玉音放送），国民は日本の敗戦を知った．

3．歴史とことば

大東亜共栄圏
日本政府・軍が太平洋戦争を正当化するために設定した理念．アジア諸国を欧米の圧政から開放し，日本を盟主とする大東亜共栄圏を建設して，アジアに新秩序を作ることを主張した．

紀元（皇紀）2600年
日本は当時，西暦ではなく，初代天皇とされる神武天皇が即位したとされる紀元前660年を元年とする皇紀（神武天皇即位紀元）が使われていた．昭和15（1940）年は皇紀2600年に当たるとされ，欧米はまだ20世紀だが，日本は27世紀に入ると言われたりした．

赤紙
召集令状の俗称．赤紙を受け取ることは死の宣告と同じ意味を持っていた．

大本営発表
大本営というのは太平洋戦争中の軍の司令部のことで，その大本営が戦況について発表したものが大本営発表であるが，戦況が悪化するにともない，その内容に誇張などが多くなった．この語は，現在では，信用できないものの代名詞として用いられることが多い．

生きて虜囚の辱めを受けず

1941（昭和16）年に東条英機が発表した戦陣訓の中のことば．ここで，捕虜になることを恥とされたため，捕虜となるよりも自殺（自決）を選ぶべきだという考え方につながっていった．沖縄戦におけるいわゆる「集団自決」の原因の1つとして挙げられることもある．

鬼畜米英

太平洋戦争中に使われた，アメリカ人とイギリス人を指すことば．アメリカ人，イギリス人は人間の感情を持たない非道な人種とされ，両者に対する国民の恐怖心をあおった．ただし，アメリカやイギリスでも，日本人に対する同様のプロパガンダが数多くあったことにも注意する必要がある．

よし1本，だめ1本

日米開戦後，英語は敵国語として使うことを禁止され，国民的人気があった野球にも敵国のスポーツということで厳しい制限が加えられた．例えば，ストライク，ボールは英語だとして，それぞれ「よし」「だめ」と言い換えさせられた．現在の全国高等学校野球大会（通称甲子園大会）の前身である「全国中等学校野球大会」は1941（昭和16）年から1945（昭和20年）まで中止になった．

学童疎開

太平洋戦争の戦局が悪化し，空襲が行われるようになった際，その被害を避けるために，東京，大阪などの大都市に住んでいた当時の国民学校（今の小学校）3年生から6年生までの児童を，空襲の被害が少ない地方に移住させたもの．子どもたちは，両親などと離れた生活を余儀なくされた．

4．重要な読み方

近衛文麿：このえふみまろ
勃発する：ぼっぱつ
蘭領：らんりょう
国民徴用令：こくみんちょうようれい
軍需工場：ぐんじゅこうじょう
勤労奉仕：きんろうほうし
大政翼賛会：たいせいよくさんかい
隣組：となりぐみ
相互監視：そうごかんし
東条英機：とうじょうひでき
真珠湾：しんじゅわん
大東亜共栄圏：だいとうあきょうえいけん
侵略戦争：しんりゃくせんそう
猶予する：ゆうよ
学徒出陣：がくとしゅつじん
娯楽：ごらく
配給制：はいきゅうせい
空襲：くうしゅう
無差別爆撃：むさべつばくげき
焦土と化す：しょうど（と）か（す）
秘密会談：ひみつかいだん
分割統治：ぶんかつとうち
沖縄戦：おきなわせん
集団自決：しゅうだんじけつ
唯一の：ゆいいつ
無条件降伏：むじょうけんこうふく
原子爆弾：げんしばくだん

密約：みつやく
受諾する：じゅだく
終戦の詔書：しゅうせんのしょうしょ
玉音放送：ぎょくおんほうそう
紀元：きげん
皇紀：こうき
神武天皇：じんむてんのう
赤紙：あかがみ
召集令状：しょうしゅうれいじょう
俗称：ぞくしょう
大本営発表：だいほんえいはっぴょう
戦況：せんきょう
誇張する：こちょう
虜囚：りょしゅう
辱め：はずかし（め）
戦陣訓：せんじんくん
捕虜：ほりょ
恥：はじ
鬼畜米英：きちくべいえい
甲子園：こうしえん
非道な：ひどう
学童疎開：がくどうそかい
余儀なく：よぎ
向田邦子：むこうだくにこ
脚本：きゃくほん
執筆する：しっぴつ
直木賞：なおきしょう
随筆家：ずいひつか

不憫な：ふびん
命からがら：いのち（からがら）
のめ（目）に遭う：（に）あ（う）
全滅する：ぜんめつ
暗幕：あんまく
貴重品：きちょうひん
雑炊：ぞうすい
威勢のいい：いせい（のいい）
付き添う：つ（き）そ（う）
布団部屋：ふとんべや
ひと抱え：(ひと)かか（え）
防水用水桶：ぼうすいようすいおけ
残酷な：ざんこく
原爆：げんばく
爆心地：ばくしんち
被爆する：ひばく

惨状：さんじょう
峠三吉：とうげさんきち
序：じょ
悲惨な：ひさん
不朽の：ふきゅう
栗原貞子：くりはらさだこ
吉永小百合：よしながさゆり
焼夷弾：しょういだん
発火剤：はっかざい
焦土：しょうど
焼け野原：や（け）のはら
桂歌丸：かつらうたまる
学童疎開：がくどうそかい
断ち切る：た（ち）き（る）
封じる：ふう（じる）

COLUMN 18
字のないはがき

　向田邦子（1929-1981）という女性がいます．
　向田はテレビドラマの優れた脚本を数多く執筆し，小説家としても直木賞を受賞しましたが，エッセイスト（随筆家）としても知られています．
　向田のエッセイに「字のないはがき」という作品があります．これは，太平洋戦争敗戦の年（1945＝昭和20年）に学童疎開をすることになった，向田の末の妹と父親の話です．その一部を引用します．

　終戦の年の四月，小学校一年の末の妹が甲府に学童疎開をすることになった．すでに前の年の秋，同じ小学校に通っていた上の妹は疎開をしていたが，下の妹はあまりに幼く不憫だというので，両親が手放さなかったのである．ところが，三月十日の東京大空襲で，家こそ焼け残ったものの命からがらのめに遭い，このまま一家全滅するよりは，と心を決めたらしい．
　妹の出発が決まると，暗幕を垂らした暗い電灯の下で，母は当時貴重品になっていたキャラコで肌着を縫って名札を付け，父はおびただしいはがきにきちょうめんな筆で自分あてのあて名を書いた．「元気な日はマルを書いて，毎日一枚ずつポストに入れなさい．」と言ってきかせた．妹は，まだ字が書けなかった．
　あて名だけ書かれたかさ高なはがきの束をリュックサックに入れ，雑炊用のどんぶりを抱えて，妹は遠足にでも行くようにはしゃいで出かけていった．
　一週間ほどで，初めてのはがきが着いた．紙いっぱいはみ出すほどの，威勢のいい赤鉛筆の大マルである．付き添って行った人の話では，地元婦人会が赤飯やぼた餅を振る舞って歓迎してくだ

さったとかで，かぼちゃの茎まで食べていた東京に比べれば大マルにちがいなかった．

ところが，次の日からマルは急激に小さくなっていった．情けない黒鉛筆の小マルは，ついにバツに変わった．そのころ，少し離れた所に疎開していた上の妹が，下の妹に会いに行った．

下の妹は，校舎の壁に寄り掛かって梅干しのたねをしゃぶっていたが，姉の姿を見ると，たねをぺっと吐き出して泣いたそうな．

まもなくバツのはがきも来なくなった．三月目に母が迎えに行ったとき，百日ぜきをわずらっていた妹は，しらみだらけの頭で三畳の布団部屋に寝かされていたという．

妹が帰ってくる日，私と弟は家庭菜園のかぼちゃを全部収穫した．小さいのに手をつけるとしかる父も，この日は何も言わなかった．私と弟は，ひと抱えもある大物からてのひらに載るうらなりまで，二十数個のかぼちゃを一列に客間に並べた．これぐらいしか妹を喜ばせる方法がなかったのだ．

夜遅く，出窓で見張っていた弟が，
「帰ってきたよ！」
と叫んだ．茶の間に座っていた父は，はだしで表へ飛び出した．防火用水桶の前で，やせた妹の肩を抱き，声を上げて泣いた．私は父が，大人の男が声を立てて泣くのを初めて見た．

あれから三十一年．父はなくなり，妹も当時の父に近い年になった．だが，あの字のないはがきは，だれがどこにしまったのかそれともなくなったのか，私は一度も見ていない．

（向田邦子「字のないはがき」）

この短いエッセイからも，戦争がいかに残酷なものかを知ることができます．

これは，今から70年前の日本ではごく日常的な出来事だったのです．そして，こうした出来事が日常となっている国は現在の世界にも数多く存在します．

COLUMN 19
にんげんをかえせ

　1945（昭和20）年8月6日に広島，9日に長崎に落とされた原子爆弾（原爆）は人類史上最も破壊的な被害をもたらしました．原爆が通常爆弾と最も異なる点は，通常爆弾の被害が投下時だけであるのに対し，原爆は投下後も続くということです（この点は，2011年3月11日に発生した東京電力福島第一原子力発電所事故のような原発事故の場合も同様です）．実際，広島，長崎では，原爆投下後に爆心地に入って被爆した人も数多くいます．

　原爆の惨状を訴える「原爆詩」と呼ばれる詩のジャンルがあります．

　「にんげんをかえせ」は，原爆詩の作家（原爆詩人）の代表者峠三吉（1917-1953）の代表作で，正式な題名は「序」ですが，詩の中に出てくる「にんげんをかえせ」という表現で広く知られています．全てひらがなで書かれたこの詩は，平易なことばを使いながら，原爆の悲惨さを強く訴えるものとして，不朽の価値を持っています．

　　序　峠三吉
　　ちちをかえせ　ははをかえせ
　　としよりをかえせ
　　こどもをかえせ
　　わたしをかえせ　わたしにつながる
　　にんげんをかえせ
　　にんげんの　にんげんのよのあるかぎり
　　くずれぬへいわを
　　へいわをかえせ

原爆詩にはこの他にも，栗原貞子による「生ましめんかな」など多くの優れた作品があります．

参考文献
峠三吉（2010）『原爆詩集』日本ブックエース
吉永小百合編（2000）『第二楽章―ヒロシマの風』角川文庫

COLUMN 20
「あたしゃいまだにサツマイモが食べらんねえんだ」

　太平洋戦争において日本は，侵略したアジア各国の人々に多くの苦痛を与えました．それと同時に，日本国内でも多くの人命が失われました．1945（昭和20）年8月6日，9日の広島，長崎の原爆投下は広く知られていますが，同じ年の3月から5月にかけて，東京，大阪，名古屋，神戸，横浜などの大都市で，アメリカ軍によって行われた大規模な空爆（大空襲）で多くの人命が失われたことも記憶に残すべきことだと考えます．例えば，3月10日の東京大空襲では，10万人を超える死者が出ています．当時投下された爆弾は焼夷弾と言い，地面で割れると発火剤が作用して火災を引き起こす構造になっていました．こうして，日本の大都市はことごとく焦土（焼け野原）と化していったのです．

　桂歌丸さんは，著名な落語家ですが，9歳の時に経験した終戦の前後のことを朝日新聞に語っています．その中で，歌丸さんは，次のように述べています．

　「人間，人を泣かせることと人を怒らせること，これはすごく簡単ですよ．人を笑わせること，これはいっちばん難しいや」．

　そして，涙や怒りはあっても，「人間にとって一番肝心な笑い

がないのが，戦争をしている所」だと感じていると言います．もう1つ，歌丸さんは，学童疎開をしていた戦争中，サツマイモばかり食べざるをえなかったために，「あたしゃ（私は）とうとういまだにサツマイモが食べらんねえ（食べられない）んだ」とも言っています（学童疎開についてはコラム18も参照してください）．

　太平洋戦争を経験した世代の人には歌丸さんと同じようにサツマイモが食べられないと言う人がよくいます．戦争は，人の命を奪うことで，世代のつながりを断ち切ります．それだけではなく，生き残った人にも多くの苦痛を残します．「涙や怒りはあっても笑いがない」のが戦争であるとすれば，「笑い」が封じられることのない世の中を守っていくことが必要なのではないでしょうか．

出典：朝日新聞デジタル2015年10月19日
http://digital.asahi.com/articles/ASH9L03X6H9KULOB025.html

(2016年2月10日閲覧)

SECTION 9 占領下の改革, 再独立, 60年安保

1. 重要年号

1925(大正14)年　25歳以上の男子に選挙権（普通選挙法）が付与される

1945(昭和20)年　ポツダム宣言を受諾し, 無条件降伏する（8月15日）, 連合国による占領が始まる, 財閥解体が行われる

1946(昭和21)年　天皇の人間宣言が出される, 軍国主義者の公職追放令が出される, 20歳以上の男女が選挙権を持つ最初の総選挙が行われる, 吉田茂が首相となる（第一次吉田内閣）, チャーチルが「鉄のカーテン」の演説を行う

1947(昭和22)年　教育基本法, 学校教育法施行（義務教育の六・三制）, 労働基準法, 独占禁止法, 地方自治法が公布される, 日本国憲法が施行される（5月3日）

1948(昭和23)年　大韓民国（韓国）と朝鮮民主主義人民共和国（北朝鮮）が建国される, 太宰治が自殺する

1949(昭和24)年　中華人民共和国が建国される（主席・毛沢東）, 中華民国（総統・蔣介石）は台湾に移る, ドイツ連邦共和国（西ドイツ）とドイツ民主共和国（東ドイツ）が建国される, 北大西洋条約機構（NATO）結成, 冷戦が始まる, 湯川秀樹が日本人初のノーベル賞（物理学賞）を受賞

1950(昭和25)年　朝鮮戦争が始まる, 警察予備隊が設置される

1951(昭和26)年　サンフランシスコ平和条約調印, 日米安全保障条約が締結される

1952(昭和27)年　日本が再独立を果たす, アメリカが水爆実験に成功

1953(昭和28)年　スターリンが死去する

1954(昭和29)年　自衛隊が設置される, 第五福竜丸事件が起こる

1955(昭和30)年　ワルシャワ条約機構が結成される, 神武景気が始まる, 日本社会党結党（左右社会党の合同）, 自由民主党結党（55年体制の始まり）, ソ連が水爆実験に成功する

1956(昭和31)年　日ソ共同宣言が調印される（首相・鳩山一郎）, 日本が国際連合に参加する, 石橋湛山が首相になる（2カ月で退陣）, フルシチョフがスターリン批判を行う, 経済白書が「もはや戦後ではない」という表現を使用

1957(昭和32)年　岸信介が首相になる

1960(昭和35)年　60年安保闘争が起こる, 岸信介が退陣し, 池田勇人が首相になる

1961(昭和36)年　J. F. ケネディがアメリカの大統領に就任する

1964(昭和39)年　東京オリンピックが開催される, 東海道新幹線が開通する

昭和天皇　　　　マッカーサー

2．時代の流れ

　日本はポツダム宣言を受諾して無条件降伏をし，日本はアメリカを中心とする連合国の占領下に置かれることになった．占領軍（進駐軍）は連合国最高司令官総司令部（GHQ）を通して日本の占領政策を実行した．GHQ の最高司令官はマッカーサーであった．

　太平洋戦争敗戦まで，天皇は現人神という神格を持ったものとされていたが，1946年1月に天皇が人間宣言を行って，これを否定した．

　GHQ は次々と改革を行った．まず，財閥解体を行い，後に独占禁止法を制定して，経済活動の自由化を図った．また，農地改革を行い，地主の所有していた土地を小作農に分配することによって小作農を解放した．この結果，大量の自作農が誕生した．さらに，20歳以上の男女に参政権が与えられ，新しい選挙法による最初の衆議院選挙では多くの女性議員が誕生した．そして，教育基本法，学校教育法が制定され，民主主義的教育が保証されるとともに，義務教育は9年間になった（六・三制）．

　GHQ の強い影響のもとで，日本国憲法が制定された．日本国憲法は，基本

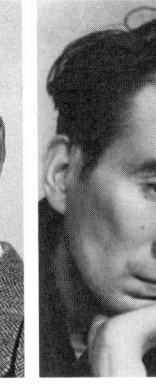

湯川秀樹　　　　　　太宰治

的人権の尊重と主権在民をうたい，天皇は国民統合の象徴とされた（象徴天皇制）．また，行政（内閣），立法（国会），司法（裁判所）が相互に独立する三権分立，および議院内閣制が規定された．そして，平和主義の原則に従って，第9条で戦争放棄が規定された．

　GHQによって軍国主義者の公職追放が行われた結果，吉田茂が首相になり，第一次吉田内閣が成立した．しかし，極度のインフレや物資の不足が起こり，人々は闇市や買い出しで食糧を入手せざるを得なかった．

　日本の敗戦以降，中国大陸で続いた国民党と共産党の戦闘は共産党の勝利に終わり，毛沢東を主席とする中国共産党は1949年に中華人民共和国を樹立した．敗れた国民党は台湾に移り，蒋介石を総統とする中華民国が樹立された．

　日本の敗戦で独立した朝鮮半島では，南北の対立が激化し，1948年に大韓民国（韓国）と朝鮮民主主義人民共和国（北朝鮮）がそれぞれ，アメリカとソ連の後ろ盾のもと樹立された．

　イギリスの首相を退任したチャーチルは，1946年に行った講演で「鉄のカーテン」という表現を用いて，戦後の世界がアメリカを中心とする西側陣営とソ連を中心とする東側陣営に分断されつつあることに警鐘を鳴らした．こうした対立は実際の戦闘をともなわない戦争という意味で冷戦と呼ばれた．そして，

1949年にはドイツ連邦共和国（西ドイツ）とドイツ民主共和国（東ドイツ）が樹立され，北大西洋条約機構（NATO）とワルシャワ条約機構が結成された．こうした冷戦の激化にともない，米ソによる核軍拡も進んでいった．アメリカが水爆実験に成功すると，ソ連も水爆を開発し実験を成功させた．こうした中，1954年には太平洋で行われたアメリカの核実験で排出された「死の灰」をその海域で操業していた日本の漁船第五福竜丸が浴び乗員1名が死亡した（第五福竜丸事件）．

　朝鮮半島では，1950年に北朝鮮が韓国に侵攻して朝鮮戦争が勃発した．北朝鮮はソ連の，韓国はアメリカの支援を得て戦争は長期化し，1953年にようやく停戦協定が結ばれた．

　中華人民共和国の成立などを脅威と感じたアメリカは日本を西側陣営に組み込むことを目指し，占領政策を転換する．そして，1950年には警察予備隊が結成された．一方，共産党員などが公職から追放された（レッド＝パージ）．また，アメリカはソ連を含まない単独講和での日本の独立を目指した．これに対し，日本国内ではソ連を含む全面講和を求める世論が強かった．最終的に日本はサンフランシスコ講和会議に出席し，サンフランシスコ平和条約に調印するが，これはソ連を含まない単独講和であった．それと同時に，日米安全保障条約（日米安保条約）が調印され，日本は西側に組み込まれることになる．そして，1954年には自衛隊が設置された．

　日本経済は，占領下の緊縮財政政策（ドッジ＝ライン）で深刻な危機に陥ったが，朝鮮戦争にともなう特需（朝鮮特需）で息を吹き返し，1956年の「経済白書」の中の「もはや戦後ではない」ということばで，日本の経済水準が戦前の水準に戻ったことが述べられた．日本は1955年から始まった神武景気をきっかけに，その後1973年まで高度経済成長を続けることになる．

　1955年にそれまで左右に分裂していた日本社会党が合同し新たに日本社会党（社会党）が結党され，これに刺激を受けて保守政党も合同し（保守合同），自由民主党（自民党）が結党される．ここに自民党と社会党を中心とする55年体制

が成立し，これから1993年までの間，自民党が与党第一党，社会党が野党第一党の時代が続くが，この間，社会党の議席数は常にほぼ自民党の半分であった．

1957年に石橋湛山の後を受けて首相となった岸信介は日米安保の改定を目指し，1960年に日米安保改定の批准を強行可決した．これに対する反対運動は大きな盛り上がりを見せた（60年安保闘争）．日米安保の改定は自然成立し，それとともに岸は退陣した．岸の後継首相となった池田勇人は経済優先政策をとり，日本は本格的に高度経済成長の時代に入っていく．

1949年に湯川秀樹が日本人として始めてノーベル賞（物理学賞）を受賞したことは，敗戦で自信を失っていた日本人に勇気を与えた．一方，1948年には戦後の世情の混乱の中，無頼派と呼ばれた作家太宰治が自殺した．

3．歴史とことば

タケノコ生活

戦後の食糧難の時代，人々は配給の食糧だけでは生活できず，闇市などで食糧を調達しなければならなかった．しかし，激しいインフレのため，自分たちが持っている着物や生活用品との交換でしか食糧を手に入れることはできなかった．こうした生活は，タケノコを食べるときに皮を1枚ずつはがしていくことにたとえて，タケノコ生活と呼ばれた．

団塊の世代

1946年から48年までの3年間に生まれた人を指す．この3年で約806万人が誕生している．作家の堺屋太一が著書の中で，アメリカで「ベビーブーマー」と呼ばれる世代に対応するこの世代を「団塊の世代」と名付けたことからこの名称が定着した．

もはや戦後ではない

1956年の経済白書で使われ，流行語になった．当初の意図は，経済水準が戦前並みになったためこれ以上の成長は困難ではないかという悲観的なものであったが，このころから高度経済成長が始まったため，現在では，戦後の経済成長を宣言したものという形で理解されている．

集団就職

高度経済成長が始まるころから，東北を中心に，中学校を卒業した生徒が就職するために同じ列車で上京するということが定期的に行われるようになった．これを集団就職と言う．この当時は中学卒業で働くことが一般的であり，「中卒は金の卵」と呼ばれた．

4．重要な読み方，表現

占領する：せんりょう
占領軍：せんりょうぐん
進駐軍：しんちゅうぐん
連合国最高司令官総司令部：れんごうこくさいこうしれいかんそうしれいぶ
現人神：あらひとがみ
神格：しんかく
財閥解体：ざいばつかいたい
独占禁止法：どくせんきんしほう
農地改革：のうちかいかく
小作農：こさくのう
自作農：じさくのう
参政権：さんせいけん

義務教育：ぎむきょういく
六・三制：ろくさんせい
日本国憲法：にほんこくけんぽう
基本的人権：きほんてきじんけん
尊重する：そんちょう
主権在民：しゅけんざいみん
象徴天皇制：しょうちょうてんのうせい
三権分立：さんけんぶんりつ
議院内閣制：ぎいんないかくせい
平和主義：へいわしゅぎ
戦争放棄：せんそうほうき
公職追放：こうしょくついほう
吉田茂：よしだしげる

闇市：やみいち
買い出し：か（い）だ（し）
毛沢東：もうたくとう
中華人民共和国：ちゅうかじんみんきょうわこく
樹立する：じゅりつ
蒋介石：しょうかいせき
総統：そうとう
中華民国：ちゅうかみんこく
大韓民国（韓国）：だいかんみんこく（かんこく）
朝鮮民主主義人民共和国：ちょうせんみんしゅしゅぎじんみんきょうわこく
北朝鮮：きたちょうせん
後ろ盾：うし（ろ）だて
退任する：たいにん
西側陣営：にしがわじんえい
東側陣営：ひがしがわじんえい
分断する：ぶんだん
警鐘を鳴らす：けいしょう（を）な（らす）
冷戦：れいせん
ドイツ連邦共和国：れんぽうきょうわこく
ドイツ民主共和国：みんしゅきょうわこく
北大西洋条約機構：きたたいせいようじょうやくきこう

核軍拡：かくぐんかく
水爆：すいばく
死の灰：し（の）はい
操業する：そうぎょう
漁船：ぎょせん
第五福竜丸：だいごふくりゅうまる
脅威：きょうい
警察予備隊：けいさつよびたい
単独講和：たんどくこうわ
全面講和：ぜんめんこうわ
世論：せろん／よろん
調印する：ちょういん
日米安全保障条約：にちべいあんぜんほしょうじょうやく
日米安保：にちべいあんぽ
自衛隊：じえいたい
緊縮財政政策：きんしゅくざいせいせいさく
危機に陥る：きき（に）おちい（る）
朝鮮特需：ちょうせんとくじゅ
息を吹き返す：いき（を）ふ（き）かえ（す）
経済白書：けいざいはくしょ
神武景気：じんむけいき
日本社会党：にほんしゃかいとう
保守合同：ほしゅごうどう
自由民主党（自民党）：じゆうみんしゅとう（じみんとう）
結党する：けっとう
55年体制：55ねんたいせい

岸信介：きしのぶすけ
強行可決する：きょうこうかけつ
60年安保闘争：60ねんあんぽとうそう
池田勇人：いけだはやと
湯川秀樹：ゆかわひでき
世情：せじょう
無頼派：ぶらいは
太宰治：だざいおさむ
団塊の世代：だんかい（の）せだい
堺屋太一：さかいやたいち
集団就職：しゅうだんしゅうしょく
中卒：ちゅうそつ

幻想：げんそう
固執する：こしゅう／こしつ
貿易立国：ぼうえきりっこく
危惧する：きぐ
破滅する：はめつ
鳩山一郎：はとやまいちろう
周恩来：しゅうおんらい
虐殺する：ぎゃくさつ
特高警察：とっこうけいさつ
蟹工船：かにこうせん
拷問する：ごうもん
千田是也：せんだこれや

日本国憲法（1947年5月3日施行）より抜粋

〈前文〉

　日本国民は，正当に選挙された国会における代表者を通じて行動し，われらとわれらの子孫のために，諸国民との協和による成果と，わが国全土にわたつて自由のもたらす恵沢を確保し，政府の行為によつて再び戦争の惨禍が起ることのないやうにすることを決意し，ここに主権が国民に存することを宣言し，この憲法を確定する．そもそも国政は，国民の厳粛な信託によるものであつて，その権威は国民に由来し，その権力は国民の代表者がこれを行使し，その福利は国民がこれを享受する．これは人類普遍の原理であり，この憲法は，かかる原理に基くものである．われらは，これに反する一切の憲法，法令及び詔勅を排除する．

　日本国民は，恒久の平和を念願し，人間相互の関係を支配する崇高な理想を深く自覚するのであつて，平和を愛する諸国民の公正と信義に信頼して，われらの安全と生存を保持しようと決意した．われらは，平和を維持し，専制と隷従，圧迫と偏狭を地上から永遠に除去しようと努めてゐる国際社会において，

名誉ある地位を占めたいと思ふ．われらは，全世界の国民が，ひとしく恐怖と欠乏から免かれ，平和のうちに生存する権利を有することを確認する．

われらは，いづれの国家も，自国のことのみに専念して他国を無視してはならないのであつて，政治道徳の法則は，普遍的なものであり，この法則に従ふことは，自国の主権を維持し，他国と対等関係に立たうとする各国の責務であると信ずる．

日本国民は，国家の名誉にかけ，全力をあげてこの崇高な理想と目的を達成することを誓ふ．

第一条　天皇は，日本国の象徴であり日本国民統合の象徴であつて，この地位は，主権の存する日本国民の総意に基く．

第九条　日本国民は，正義と秩序を基調とする国際平和を誠実に希求し，国権の発動たる戦争と，武力による威嚇又は武力の行使は，国際紛争を解決する手段としては，永久にこれを放棄する．

　○2　前項の目的を達するため，陸海空軍その他の戦力は，これを保持しない．国の交戦権は，これを認めない．

第十一条　国民は，すべての基本的人権の享有を妨げられない．この憲法が国民に保障する基本的人権は，侵すことのできない永久の権利として，現在及び将来の国民に与へられる．

第十三条　すべて国民は，個人として尊重される．生命，自由及び幸福追求に対する国民の権利については，公共の福祉に反しない限り，立法その他の国政の上で，最大の尊重を必要とする．

第十四条　すべて国民は，法の下に平等であつて，人種，信条，性別，社会的身分又は門地により，政治的，経済的又は社会的関係において，差別されない．

第四十一条　国会は，国権の最高機関であつて，国の唯一の立法機関である．

第六十五条　行政権は，内閣に属する．

第七十六条　すべて司法権は，最高裁判所及び法律の定めるところにより設置する下級裁判所に属する．

第九十六条　この憲法の改正は，各議院の総議員の三分の二以上の賛成で，国会が，これを発議し，国民に提案してその承認を経なければならない．この承認には，特別の国民投票又は国会の定める選挙の際行はれる投票において，その過半数の賛成を必要とする．

　　　○2　憲法改正について前項の承認を経たときは，天皇は，国民の名で，この憲法と一体を成すものとして，直ちにこれを公布する．

第九十七条　この憲法が日本国民に保障する基本的人権は，人類の多年にわたる自由獲得の努力の成果であつて，これらの権利は，過去幾多の試錬に堪へ，現在及び将来の国民に対し，侵すことのできない永久の権利として信託されたものである．

第九十八条　この憲法は，国の最高法規であつて，その条規に反する法律，命令，詔勅及び国務に関するその他の行為の全部又は一部は，その効力を有しない．

　　　○2　日本国が締結した条約及び確立された国際法規は，これを誠実に遵守することを必要とする．

第九十九条　天皇又は摂政及び国務大臣，国会議員，裁判官その他の公務員は，この憲法を尊重し擁護する義務を負ふ．

COLUMN 21
石橋湛山の「大日本主義の幻想」

　石橋湛山は，明治時代からジャーナリストとして活躍しました．1921（大正10）年に『東洋経済新報』の社説に書いた「大日本主義の幻想」という文章では，その当時，ほとんどの日本人が疑わなかった「大日本主義」，すなわち，日本は朝鮮半島を手にし，さらに，満州に進出することが必要であるという主張を，「幻想」であると批判します．その際，湛山は，日本が植民地である台湾，朝鮮との間で行っている貿易額は，アメリカ，イギリスとの間の貿易額に遠く及ばないことを指摘し，これらの領土に固執することよりも，米英との対立を避け，貿易立国として生きるのが日本のとるべき道であると主張しました．その後の日本は，湛山が危惧したとおりの道をたどって，国際的に孤立し，最終的に米英との戦争の道を経て，破滅します．湛山は，太平洋戦争後，政治家に転身し，通産大臣として，当時国交のなかった中華人民共和国との貿易を拡張するなど，独自の政策を提唱し，初代自民党総裁でもあった鳩山一郎の後の首相になりますが，病気のため，2カ月で退任します．その後，中国と台湾の緊張が高まった際には単身北京を訪問し，周恩来首相との間で共同声明を発表し，その解決に当たりました．

参考文献
　石橋湛山（松尾尊兊編纂）（1984）『石橋湛山評論集』岩波文庫

石橋湛山

COLUMN 22
小林多喜二の虐殺

　大正デモクラシーの最大の成果が25歳以上の男性の選挙権を認めた普通選挙法であるとすれば，同じ年に成立した治安維持法はその後の暗黒時代の象徴と言えます．この法律によって，政府に反対する言論を述べた人間は特高警察の手で検挙され，拷問を受けることもありました．『蟹工船』などの作品で知られるプロレタリア文学者小林多喜二は複数回特高警察に逮捕され，最後は拷問を受けて29歳で殺されました．その拷問の実態は，千田是也ら多喜二の友人たちの手で記録されています．

参考文献
　井上ひさし（2010）『組曲虐殺』集英社
　小林多喜二（2003）『蟹工船』岩波文庫

小林多喜二

SECTION 10 高度経済成長の光と影

1. 重要年号

- 1951（昭和26）年　サンフランシスコ平和条約調印，日米安全保障条約締結
- 1955（昭和30）年　日本社会党，自由民主党が成立する（55年体制），イタイイタイ病が初めて報道される，アメリカで公民権運動が始まる
- 1956（昭和31）年　日本が国際連合に参加する，水俣病が発見される　経済白書で「もはや戦後ではない」が使われる，フルシチョフがスターリン批判を行う
- 1957（昭和32）年　岸信介が首相になる
- 1960（昭和35）年　60年安保闘争，岸信介退陣，池田勇人が首相になる，民社党が結党される
- 1961（昭和36）年　J.F.ケネディがアメリカの大統領に就任する，「スーダラ節」が発売される
- 1962（昭和37）年　キューバ危機が起こる
- 1963（昭和38）年　J.F.ケネディが暗殺される
- 1964（昭和39）年　東京オリンピックが開催される，東海道新幹線が開通する，公明党が結党される，四日市ぜんそくで初の死者が出る，佐藤栄作が首相に就任する
- 1965（昭和40）年　新潟水俣病が確認される，中国で文化大革命が始まる　アメリカがベトナムに対する北爆を開始する
- 1967（昭和42）年　美濃部亮吉が東京都知事に選出される（革新統一候補）
- 1968（昭和43）年　キング牧師が暗殺される，日本の国民総生産（GNP）が世界第2位になる
- 1970（昭和45）年　70年安保闘争が起こる，大阪で万国博覧会（万博）が開催される
- 1971（昭和46）年　ニクソンが訪中する，ニクソンがドルと金との兌換の停止を発表する（2つのニクソンショック），黒田了一が革新統一候補として大阪府知事になる
- 1972（昭和47）年　沖縄が日本に返還される，田中角栄が首相に就任する，田中角栄が訪中し，日中共同声明が出される
- 1973（昭和48）年　第四次中東戦争が起こる，第一次石油ショックが起こる（狂乱物価）
- 1974（昭和49）年　田中角栄が退陣し，三木武夫が首相に就任する，ウォーターゲート事件でニクソンが辞任する
- 1975（昭和50）年　ベトナム戦争が終結する
- 1976（昭和51）年　ロッキード事件で田中角栄が逮捕される，福田赳夫が首相に就任する，毛沢東が死去する
- 1978（昭和53）年　大平正芳が首相に就任する
- 1979（昭和54）年　イラン革命が起こる，第二次石油ショックが起こる，ソ連がアフガニスタンに侵攻する
- 1980（昭和55）年　モスクワオリンピック開催（西側諸国はボイコット），イラン・イラク戦争が始まる

岸信介 　　　　　　佐藤栄作 　　　　　　田中角栄

2. 時代の流れ

　岸信介は日米安全保障条約の改定後，首相を退陣した．その後首相に就任した池田勇人は，国民総生産（GNP）を10年間で2倍にするという「所得倍増計画」を掲げ，国政の流れを経済優先の方向に変えた．池田の目標は7年目に達成され，日本はGNPで西ドイツを抜いて世界第2位になった．

　1964年には東京オリンピックが開かれ，それに合わせて東海道新幹線が東京―新大阪間で開業した．また，1970年には大阪で万国博覧会が開かれ，6000万人以上が会場を訪れた．

　こうした高度経済成長は1973年の第1次石油危機まで続き，この間日本は年平均で10％程度の経済成長率を記録した．

　1970年には日米安保条約の自動改定阻止を目指す70年安保闘争が起こったが，60年安保闘争のような国民的な盛り上がりには至らなかった．

　アメリカでは史上最年少で大統領になったJ. F. ケネディの時代に，キューバ危機において米ソが一触即発の状況を迎えた．ケネディ在任中から，アメリカはベトナムへの介入を行っていたが，ケネディ暗殺後大統領になったジョン

ソンは北ベトナムへの爆撃（北爆）を行い，ベトナム戦争が始まった．

中国では，毛沢東が権力闘争の手段として開始した文化大革命によって，多くの知識人が命を奪われたり，下放されたりした結果，中国の社会や経済に大きな停滞がもたらされた．

1971年にアメリカ大統領のニクソンがドルと金との兌換の停止を発表し，これにより，為替相場はそれまでの固定相場制から変動相場制に移行することになった．ニクソンはまた，電撃的に中国を訪問し，中国との和解の方向に政策を転換した（この2つの出来事をニクソンショックと呼ぶ）が，大統領選挙に関するスキャンダル（ウォーターゲート事件）で退陣した．

池田勇人が病気で退陣した後，首相に就任した佐藤栄作の政権は昭和時代最長の長期政権となった．1972年には沖縄がアメリカから日本に返還され，佐藤はその功績でノーベル平和賞を受賞した．

佐藤の後の首相には田中角栄が就任した．田中は新潟県出身で小学校卒の学歴しか持たなかったが，終戦直後から衆議院議員を務め，内閣や自民党の役職を歴任して，大正生まれで初めての首相となった．その活躍は豊臣秀吉になぞらえて「今太閤」と呼ばれ，高い人気を誇った．田中は首相就任後すぐに中国を訪問し，周恩来と日中共同宣言を発表した．これにより，日本は中国（中華人民共和国）と国交を持つことになり，台湾（中華民国）とは断交した．

1973年に第四次中東戦争をきっかけに第一次石油危機が起こり，原油の価格が急騰した．日本でも物価が急騰して狂乱物価と呼ばれた．日本の高度経済成長はここで終わることになる．

田中角栄は自身の金銭的スキャンダル（田中金脈問題）を指摘されて退陣し，三木武夫がその後の首相に就任した．三木の在任中にロッキード事件が起きた．これは，田中が首相在任中に，全日空の機種選定に関して，アメリカのロッキード社の飛行機を購入するように口利きをして，その報酬として5億円の賄賂を受け取ったというものである．この事件で，田中は逮捕されたが，保釈され，無所属で衆議院選挙に立候補して当選する．選挙で自民党は敗北し，三木に代

わって福田赳夫が首相に就任する．福田の退陣後，大平正芳が首相に就任するが，大平は1980年の衆議院選挙中に急逝する．

1955年に自民党と社会党が結党して，55年体制と呼ばれる政治体制ができたが，自民党と社会党の議席数の比は常に「2：1」であったため，55年体制は「一と二分の一政党制」とも呼ばれる．1960年には社会党の右派が独立して民社党を結党し，1964年には宗教団体である創価学会と深い関係を持つ公明党が結党された．社会党と，戦前から存在する共産党は「革新」勢力を形成し，1960年から70年代にかけて，革新統一候補である美濃部亮吉（美濃部達吉の長男）と黒田了一がそれぞれ東京と大阪府の知事になった．これに対し，民社党と公明党は「中道路線」を唱え，「保守」である自民党と対抗した．

高度経済成長で日本の経済規模は拡大し，多くの国民は経済的に豊かになった．しかし，その一方で多くの悲劇も生み出された．熊本県水俣市で起こった水俣病，新潟県阿賀野川流域で起こった新潟水俣病，富山県神通川流域で起こったイタイイタイ病はいずれも，企業が川や海に汚水を流したことによって発病したものであり，コンビナートから排出される煤煙による大気汚染によって引き起こされた四日市ぜんそく（三重県）と合わせて，四大公害病と呼ばれる．

1970年代，日本では石油危機で物価が上昇し，高度経済成長も終わり，公害の被害など高度経済成長の影の部分が顕在化していた．その中で，政府は省エネルギー（省エネ）政策を実施し，自動車の排気ガスや工場などの廃棄物への規制を強化した．その結果，日本の公害対策は進み，日本の工業製品の国際競争力は大いに高まり，1980年代に世界市場を席巻する基礎が作られた．

3．歴史とことば

スーダラ節

1961年に植木等が歌って大ヒットした曲．当時のサラリーマン生活をコミカルに描いている．この曲を作詞したのは後に東京都知事になる青島幸男である．

スーダラ節（1961年）

青島幸男作詞・萩原哲晶作曲
歌：植木　等
（JASRAC　出1600810-601）

チョイト一杯の　つもりで飲んで
いつの間にやら　ハシゴ酒
気がつきゃ　ホームのベンチでゴロ寝
これじゃ身体（からだ）に　いいわきゃないよ
分かっちゃいるけど　やめられねえ
ア　ホレ　スイスイ　スーララッタ
スラスラ　スイスイスイ
スイスイ　スーララッタ
スラスラ　スイスイスイ
スイスイ　スーララッタ
スラスラ　スイスイスイ
スイスイ　スーララッタ
スーララッタ　スイスイ
〈以下略〉

企業城下町

　大企業の工場と，その下請けや孫請け（下請けの下請け）の工場（これらを合わせて「系列」と言う）などが集中している都市のことで，豊田市（愛知県），日立市（茨城県）などが有名である．水俣市（熊本県）もチッソの企業城下町であり，そのことが水俣病の原因究明の遅れや，患者への差別の要因の1つになった．

三種の神器

　高度経済成長の初期には，洗濯機，冷蔵庫，白黒テレビの3種類，1960年代半ばには自動車（Car），カラーテレビ（Color television），クーラー（Cooler）の3種類の家電製品のことを指し，天皇家に伝わる宝物にたとえて，当時の家庭で持ちたいものを表す表現となった．

4. 重要な読み方，表現

池田勇人：いけだはやと
所得倍増計画：しょとくばいぞうけいかく
掲げる：かか（げる）
開業する：かいぎょう
万国博覧会（万博）：ばんこくはくらんかい（ばんぱく）
高度経済成長：こうどけいざいせいちょう
石油危機：せきゆきき
一触即発：いっしょくそくはつ
介入する：かいにゅう
北爆：ほくばく
毛沢東：もうたくとう
権力闘争：けんりょくとうそう
文化大革命：ぶんかだいかくめい
知識人：ちしきじん
下放する：かほう
停滞する：ていたい
兌換：だかん
為替相場：かわせそうば
固定相場制：こていそうばせい
変動相場制：へんどうそうばせい
電撃的な：でんげきてき
退陣する：たいじん

佐藤栄作：さとうえいさく
功績：こうせき
田中角栄：たなかかくえい
新潟県出身：にいがたけんしゅっしん
小学校卒：しょうがっこうそつ
（衆議院議員を）務める：つと（める）
歴任する：れきにん
今太閤：いまたいこう
人気を誇る：にんき（を）ほこ（る）
周恩来：しゅうおんらい
国交：こっこう
断交する：だんこう
第四次中東戦争：だいよんじちゅうとうせんそう
急騰する：きゅうとう
狂乱物価：きょうらんぶっか
三木武夫：みきたけお
口利き：くちき（き）
報酬：ほうしゅう
賄賂：わいろ
逮捕する：たいほ
保釈する：ほしゃく
無所属：むしょぞく
立候補する：りっこうほ
敗北する：はいぼく

福田赳夫：ふくだたけお
大平正芳：おおひらまさよし
急逝する：きゅうせい
右派：うは
民社党：みんしゃとう
宗教団体：しゅうきょうだんたい
創価学会：そうかがっかい
公明党：こうめいとう

革新：かくしん
美濃部亮吉：みのべりょうきち
黒田了一：くろだりょういち
中道：ちゅうどう
熊本県：くまもとけん
水俣市：みなまたし
阿賀野川：あがのがわ
富山県：とやまけん

COLUMN 23
ラジオの普及と大衆文化～早慶戦～

　大正時代は，日本の中に中産階級が成長してきた時期でもありました．また，大正末に放送が始まったラジオの登場により，全国規模で情報が伝わることになり，大衆文化が発達することになります．その代表的なものの1つに，「漫才」があります．それまでも万才という名の芸能は存在しましたが，それは古いタイプのものでした．作家の秋田実は，大都市の会社員などの新しい階層を対象とした新しい芸能としての「漫才」の台本を数多く書きましたが，最初期に漫才コンビ，エンタツ・アチャコのために書いた「早慶戦」は，当時最も人気のあった大学野球の早稲田大学と慶応大学の試合（早慶戦）の模様をコミカルに描いたもので，大人気を博しました．

エンタツ・アチャコ
（左：花菱アチャコ，右：横山エンタツ）

神通川：じんつうがわ
煤煙：ばいえん
大気汚染：たいきおせん
四日市市：よっかいちし
三重県：みえけん
公害：こうがい
顕在化する：けんざいか
省エネルギー：しょう(エネルギー)
排気ガス：はいき（ガス）
廃棄物：はいきぶつ
国際競争力：こくさいきょうそうりょく
席巻する：せっけん
植木等：うえきひとし
作詞する：さくし
青島幸男：あおしまゆきお
企業城下町：きぎょうじょうかまち
下請け：したう（け）
孫請け：まごう（け）

系列：けいれつ
豊田市：とよたし
愛知県：あいちけん
日立市：ひたちし
茨城県：いばらきけん
三種の神器：さんしゅ（の）じんぎ
宝物：ほうもつ
漫才：まんざい
万才：まんざい
秋田実：あきたみのる
芸能：げいのう
早慶戦：そうけいせん
人気を博す：にんき(を)はく(す)
胎内：たいない
胎児性水俣病：たいじせいみなまたびょう
悲劇：ひげき
を～に誇る：(を)～(に)ほこ(る)

COLUMN 24
水俣病の原因究明

　四大工業病の１つである水俣病（→参考 URL）は，当初は原因不明の奇病とされていましたが，熊本大学医学部の科学的な調査により，かなり早い時期に病気の原因がチッソが流していた廃水にあることが特定されていました．しかし，チッソが地元の有力企業であったことなどから，熊本大学の調査結果が患者の救済につながるまでに多くの時間を要しました．そのことが患者の症状の重症化，母親の胎内にいた子どもが水俣病になる胎児性水俣病の発生や患者に対する差別といった悲劇を引き起こしました．水俣病の原因となったような工場排水の処理技術などはその後飛躍的に発達し，現在，日本が世界に誇れるものとなっていますが，人災と言える災害の被害者に対する公的な保障については，福島原発事故の例を見るまでもなく，未だに多くの課題が残されています．

参考文献
原田正純（1972）『水俣病』岩波新書
原田正純（1985）『水俣病は終わっていない』岩波新書
NHK アーカイブス「日本の素顔　奇病のかげに」(2006年 8 月27日放送) http://cgi4.nhk.or.jp/eco-channel/jp/movie/play.cgi?did=D0013771784_00000 (2016年 2 月10日閲覧)

SECTION 11

Japan as No. 1, バブル, バブルの崩壊

1. 重要年号

1968(昭和43)年　日本が国民総生産(GNP)で世界第2位になる，川端康成がノーベル文学賞を受賞する

1970(昭和45)年　三島由紀夫が自殺する

1971(昭和46)年　ニクソンショックで為替市場が変動相場制に移行する

1972(昭和47)年　沖縄が日本に返還される，日中共同声明が出される

1973(昭和48)年　第四次中東戦争が起こる，第一次石油危機（狂乱物価：高度経済成長が終わる）

1976(昭和51)年　ロッキード事件で田中角栄が逮捕される

1979(昭和54)年　イラン革命が起こる，第二次石油ショックが起こる，ソ連がアフガニスタンに侵攻する，サッチャーがイギリスの首相に就任する *Japan as Number One: Lessons for America* が出版される

1980(昭和55)年　モスクワオリンピックが開催される（西側諸国はボイコット），イラン・イラク戦争が始まる

1981(昭和56)年　レーガンがアメリカ大統領に就任する

1982(昭和57)年　ブレジネフソ連共産党書記長が死去する，中曽根康弘が首相に就任する

1983(昭和58)年　レーガンがSDI計画（スターウォーズ計画）発表する，国際的に反核運動が起こる，「校内暴力」が問題になる

1984(昭和59)年　ロサンゼルスオリンピックが開催される（東側諸国ボイコット）

1985(昭和60)年　田中角栄が脳梗塞で入院する，プラザ合意が決まる，ゴルバチョフがソ連共産党書記長に就任する，電電公社(→ NTT)と専売公社(→ JT)の民営化，中曽根康弘が「戦後政治の総決算」を主張する，レーガンとゴルバチョフがジュネーブで会談を行う

1986(昭和61)年　フィリピンでマルコスが追放され，アキノが大統領就任（フィリピン革命），防衛費が対GNP比1％を突破，チェルノブイリ原発事故が起こる，

1987(昭和62)年　国鉄が分割・民営化される（→ JR），竹下登が首相に就任する，映画「遠い夜明け(*Cry freedom*)」が公開される，ゴルバチョフが訪米し INF（中距離核戦力）全廃条約に調印する

1988(昭和63)年　昭和天皇が吐血し重態になる，リクルート事件が発覚する

1989(昭和64＝平成元)年　昭和天皇が崩御し平成に改元される(1月8日)，消費税が導入される(3％)，竹下登が首相を辞任する，中国で天安門事件が起こる，ベルリンの壁が崩壊する，ルーマニアのチャウシェスク大統領が処刑される，日経平均株価が史上最高値（3万8915円）を記録する

1990(平成2)年　東証平均株価が2万円を切る（バブルが崩壊する），イラクがクウェートに侵攻，東西ドイツが統一される

1991(平成3)年　湾岸戦争が始まる，エリツィンがロシアの大統領就任する，ソ連が消滅する

1994(平成6)年　南アフリカでネルソン・マンデラが大統領に就任し，アパルトヘイト（人種隔離政策）が完全に撤廃される，大江健三郎がノーベル文学賞を受賞する

中曽根康弘　　　　　レーガン　　　　　サッチャー

2．時代の流れ

　ロッキード事件で田中角栄が逮捕された後，自民党の首相は三木武夫，福田赳夫，大平正芳と次々と交代した．その背後には自民党を離党した田中の影響があり，田中は「闇将軍」と呼ばれた．1982年に首相に就任した中曽根康弘は「戦後政治の総決算」を主張するなど，思想的には国家主義的傾向が強かったが，経済的には，アメリカ大統領のレーガン，イギリス首相のサッチャーとともに新自由主義的な政策をとり，三公社（国鉄，電電公社，専売公社）を民営化するなど，改革に尽力した．

　田中から中曽根までの5人の首相（大平の後の鈴木善幸を除く）を合わせて「三角大福中」と呼ぶが，この5人は佐藤栄作が首相を退陣した後の政権を争ったメンバーである．55年体制（一と二分の一政党制）のもとでは一度も政権交代は行われなかったが，自民党の中で，主流派と反主流派が争い，それが実質的に政権交代に近い役割を果たしていたとも言える．

　1980年代になると，自動車を中心に日本製品の輸出が好調になり，特にアメリカでの貿易摩擦が拡大した．これに，当時のアメリカの高金利政策などが重なり，アメリカの貿易赤字が拡大した．一方，日本は円安により大きな貿易黒

字を出していた．そうした不均衡を是正することなどを目的に1985年にプラザ合意が行なわれ，円の対ドルレートは1年で1ドル235円から150円にまで円高になった．このとき，心配されていた円高不況は起こらず，逆に日本経済は過熱し，バブル経済に向かっていった．1979年に出版された *Japan as Number One : Lessons for America*（Ezra F. Vogel 著）という本は日本でもすぐに翻訳され，「ジャパン・アズ・No. 1」は日本の成功を象徴する語となった．

　プラザ合意以降も日本は好況だったが，次第にその中心はものづくりなどの実体経済から離れ，土地や株式などへの投資に移っていった．その結果，バブル経済となり，日経平均株価は1989年末には史上最高値を記録した．しかし，過剰な投資に対する引き締め政策などによって，1990年にはバブルは崩壊し，株価は一気に2万円を割り込んだ．

　中曽根の後継総裁をめぐっては，竹下登，安倍晋太郎，宮沢喜一が争ったが，最終的に竹下が選ばれ，首相に就任した．竹下は，ふるさと創生を掲げ，全国の自治体に「ふるさと創生基金」として1億円を支給したが，その多くは「箱もの」に使われ，地域の振興に役立ったとは必ずしも言えない．

　1988年秋に昭和天皇が吐血し重態となった．その病状は毎日報道され続け，日常生活は「自粛」ムードに包まれた．1989年1月7日，昭和天皇は崩御し，現天皇が即位した．翌日，昭和は平成に改元された．

　消費税は中曽根内閣も導入を検討したが，世論の反対で実行できなかった．消費税は竹下内閣において導入されたが，竹下は，自身を含む多くの政治家などがリクルートコスモス社の未公開株を譲渡されていたというリクルート事件の責任をとって辞任した．

　クウェートに侵攻したイラク軍に対して，多国籍軍が攻撃を行い，湾岸戦争となった．この際，日本は平和憲法の立場から，多国籍軍に対する金銭的支援のみを行ったが，この姿勢は国際的に批判され，日本国内の保守層による，その後の「国際貢献」に関する主張の起源となった．

　昭和の作家で，海外でも高い評価を受けている者には，川端康成，三島由紀

夫，大江健三郎，安部公房らがいる．このうち，川端と大江はノーベル文学賞を受賞している．また，川端と三島は自殺しているが，特に，三島は自衛隊の市ヶ谷駐屯地を占拠した後，割腹自殺し，世間に大きな衝撃を与えた．

3．歴史とことば

一億総中流

1970年代から80年代にかけて，日本人の生活水準は安定し，自分の生活水準を「中流」と考える人が，1億人を超えた全人口の9割程度になったことなどから，この表現が使われるようになった．

非関税障壁

輸入製品にかけられる関税とは別に，その国への輸出の障害になると考えられるものを非関税障壁と言う．日米貿易摩擦が激しかったとき，日本のさまざまな規制が非関税障壁に当たるとして非難の対象になった．

三公社

国鉄（日本国有鉄道），電電公社（日本電信電話公社），専売公社（日本専売公社）の3つを指す．このうち，電電公社は通信に関わる事業を，専売公社はたばこと塩の販売を独占していた．これらは中曽根内閣の時に全て民営化され，それぞれ，JR，NTT（日本電信電話），JT（日本たばこ産業）となった．

成金

好景気で急に金持ちになった人間のことを成金と言う．これは，将棋で，駒が敵陣に入ると「金」に昇格するということに由来する．

財テク

「財務テクノロジー」の略．バブル経済全盛のころ，企業では，ものづくりなどの実体経済でもうけを出すことよりも，株式や土地などへの投資で利益を挙げることが重視され，そうした活動は「財テク」と呼ばれた．しかし，バブルの崩壊により，そうした投資の大部分は回収できず，不良債権となり，その後の「失われた20年」の元凶となった．

土地転がし

バブル経済全盛のころ行われたもので，実際には住まない土地や家を買って，それを転売して「利ざや」を稼ぐということを指す．この過程で，都市部を中心に，悪質な「地上げ」（借家人などが住んでいる土地を買い取り，借家人などを立ち退かせて，そこを更地にすること）が行われ，大きな社会問題になった．

箱もの行政

竹下内閣の「ふるさと創生1億円基金」など，公共投資として交付された資金がホールや記念館などの建物（「箱もの」）に使われることが多い．こうしたお金の使い方を「箱もの行政」と言うが，その多くは，利用率が低く損失を出すばかりでなく，維持コストもかかるために，かえって財政を圧迫しているケースも多い．

4．重要な読み方，表現

闇将軍：やみしょうぐん
中曽根康弘：なかそねやすひろ
三公社：さんこうしゃ
国鉄：こくてつ
電電公社：でんでんこうしゃ

専売公社：せんばいこうしゃ
民営化する：みんえいか
尽力する：じんりょく
鈴木善幸：すずきぜんこう
三角大福中：さんかくだいふくちゅう

政権交代：せいけんこうたい
（反）主流派：（はん）しゅりゅうは
貿易摩擦：ぼうえきまさつ
貿易赤字：ぼうえきあかじ
円安：えんやす
貿易黒字：ぼうえきくろじ
不均衡：ふきんこう
是正する：ぜせい
円高：えんだか
実体経済：じったいけいざい
日経平均株価：にっけいへいきんかぶか
過剰な：かじょう
引き締め政策：ひ（き）し（め）せいさく
崩壊する：ほうかい
割り込む：わ（り）こ（む）
竹下登：たけしたのぼる
安倍晋太郎：あべしんたろう
宮沢喜一：みやざわきいち
ふるさと創生：（ふるさと）そうせい
箱もの：はこ（もの）
振興する：しんこう
吐血する：とけつ
重態：じゅうたい
自粛する：じしゅく
改元する：かいげん
消費税：しょうひぜい
譲渡する：じょうと

侵攻する：しんこう
多国籍軍：たこくせきぐん
湾岸戦争：わんがんせんそう
平和憲法：へいわけんぽう
国際貢献：こくさいこうけん
起源：きげん
非関税障壁：ひかんぜいしょうへき
独占する：どくせん
成金：なりきん
将棋：しょうぎ
敵陣：てきじん
昇格する：しょうかく
財テク：ざい（テク）
全盛：ぜんせい
不良債権：ふりょうさいけん
元凶：げんきょう
土地転がし：とちころ（がし）
転売する：てんばい
利ざやを稼ぐ：り（ざやを）かせ（ぐ）
地上げ：じあ（げ）
公共投資：こうきょうとうし
維持コスト：いじ（コスト）
財政：ざいせい
圧迫する：あっぱく
川端康成：かわばたやすなり
三島由紀夫：みしまゆきお
大江健三郎：おおえけんざぶろう
安部公房：あべこうぼう
市ヶ谷駐屯地：いちがやちゅうとんち

割腹自殺：かっぷくじさつ
衝撃を与える：しょうげき（を）あた（える）
借家人：しゃくやにん／しゃっかにん
立ち退く：た（ち）の（く）
農閑期：のうかんき
出稼ぎ：でかせ（ぎ）
恒常化する：こうじょうか
転勤する：てんきん
単身赴任：たんしんふにん

歴然とした：れきぜん
傷病者：しょうびょうしゃ
に留まる：（に）とど（まる）
負の影響：ふ（の）えいきょう
相対的貧困：そうたいてきひんこん
推進する：すいしん
通称：つうしょう
に富む：（に）と（む）
一丸となる：いちがん（となる）

COLUMN 25
出稼ぎと単身赴任

　高度経済成長の時代，東京などの都市部では労働人口が不足していました．一方，東北などの農村部では農業から収入が得られない冬期の収入を確保する必要がありました．この両者のニーズが一致し，農閑期に農村部から都市部に男性が働きに来ることがよく見られました．これを出稼ぎと言います．出稼ぎの家庭では，父親が半年間不在であるという状態が恒常化していたのです．

　一方，日本の企業では，転勤が当然のこととされてきました．父親が働いていて転勤を命じられたとき，子どもの教育の問題などから，家族が父親といっしょに移動できないケースが多くありました．その場合，父親は1人で転勤先に移動することになります．これを単身赴任と言います．

　出稼ぎも単身赴任も，日本の経済システムや雇用システムのゆがみが家族に大きな負担を与えてきたという点で共通する部分があります．

COLUMN 26
一億総中流と子どもの貧困

　1970年代から80年代にかけて、「一億総中流」ということばがよく使われました．これは、日本人の9割が自分の生活水準を「中流」だと認識しているという調査結果にもとづくものとされています．この点については、調査法やその解釈に問題があり、当時においても歴然とした格差は存在したという研究もあります（ex. 渡辺2007）．ただし、1990年代以降、貧困層の中心であった「高齢者、母子家庭、傷病者・障害者」以外の層の貧困層が増えてきています（cf. 橘木・浦川2006）．この背景には非正規雇用者の増加などの要因が考えられます．

　こうした勤労世代の貧困問題の影響はその人だけに留まらず、その子どもたちに大きな負の影響を与えていることが明らかになっています．例えば、親の学歴が子どもの学歴を規定する、親と子の間における「階層の世代間継承」という現象は、戦前から高度経済成長期にかけていったん弱まったものの、近年その傾向が再び強まってきているのです（阿部2014）．

　日本の子どもの貧困率はOECD諸国の中でも上位を占める高さであり、正式な統計においても子どもの6人に1人が貧困（相対的貧困）であると見なされています（阿部2014）．子どもの貧困は、子どもの精神面への悪影響などを通して、次の世代にも引き継がれていく危険性が高いとされています．こうした状況を打破するため、2013年に「子どもの貧困対策の推進に関する法律（通称：子どもの貧困対策法）」が成立しましたが、子どもの将来に可能性が多く開かれている社会は発展性に富んでいるという発想のもと、子どもの貧困の解決に日本社会が一丸となって取り組んでいくことが求められています．

参考文献
阿部彩（2008）『子どもの貧困』岩波新書
阿部彩（2014）『子どもの貧困Ⅱ』岩波新書
橘木俊詔・浦川邦雄（2006）『日本の貧困研究』東京大学出版会
渡辺雅男（2007）「1 下流社会」渡辺雅男・渡辺治編『「現代」という環境』旬報社

SECTION 12 「失われた20年」，そして，今

1．重要年号

1955(昭和30)年　自由民主党と日本社会党が成立する（55年体制）
1989(昭和64＝平成元)年　竹下登が首相を辞任する，
日経平均株価が史上最高値を記録する
1990(平成2)年　東証平均株価が2万円を切る（バブルが崩壊する），
1991(平成3)年　湾岸戦争が起こる，
宮沢喜一が首相に就任する
1992(平成4)年　細川護熙が日本新党を結党する
1993(平成5)年　武村正義らが新党さきがけを結党する，
羽田孜，小沢一郎らが自民党を離党し新生党を結党する，
自民党が衆議院選挙で過半数割れする，
非自民非共産連立政権が成立し細川護熙が首相に就任（55年体制の終焉）
1994(平成6)年　細川護熙が辞任し，羽田孜が首相に就任する，
社会党が連立を離脱する，
自民党，社会党，新党さきがけの連立政権（自社さ連立政権）が成立し，社会党の村山富市が首相に就任する，社会党が党の政策を転換する，
衆議院に小選挙区制が導入される
1995(平成7)年　阪神淡路大震災が起こる（1月17日），
地下鉄サリン事件が起こる（3月20日）
1996(平成8)年　橋本龍太郎が首相に就任する
1997(平成9)年　消費税が5％になる，
北海道拓殖銀行が経営破綻する，
山一証券が廃業する
1998(平成10)年　自社さ連立政権が解消される
1999(平成11)年　自民党と公明党の連立政権（自公連立政権）が成立する
2001(平成13)年　小泉純一郎が首相に就任する，9.11テロが起こる
2003(平成15)年　イラク戦争が始まる
2006(平成18)年　安倍晋三が首相に就任する（第一次安倍政権）
2009(平成21)年　自公連立政権が衆議院で敗北し，民主党が与党となる（鳩山由紀夫首相）
2011(平成23)年　東日本大震災が起こる（3月11日）
2012(平成24)年　衆議院選挙で民主党が大敗し，自公が連立与党となる安倍晋三が首相に就任する（第二次安倍政権）
2014(平成26)年　消費税が8％に引き上げられる
2015(平成27)年　安全保障法案が可決され，集団的自衛権が認められる

阪神淡路大震災

2．時代の流れ

　1991年に海部俊樹から宮沢喜一に首相が交代した．1993年には，羽田孜，小沢一郎ら自民党の一部議員が自民党を離党して新生党を作った．衆議院選挙で自民党は敗北し，宮沢は辞任し，日本新党の細川護熙を首相とする非自民非共産による連立政権が成立した．こうして，55年体制は終焉を迎えた．しかし，細川政権は細川自身の金銭問題による退陣で崩壊した．その後，ごく短期間の羽田政権を経て，自民党，社会党，新党さきがけの3党連立政権（自社さ連立政権）が成立し，自民党が与党に復帰するとともに，社会党の村山富市が首相に就任した．与党となった社会党は，自衛隊の容認など，それまでの基本政策の一部を大きく変更した．

　1994年には衆議院に小選挙区制（小選挙区比例代表並立制）が導入され，それまでの中選挙区制から選挙システムが大きく変わった（→ p. 117のグラフ参照）．

　1995年は1月に6000人以上の死者を出した阪神淡路大震災が起こり，さらに，3月には日本の歴史上最大の無差別テロである地下鉄サリン事件が起こった．

東日本大震災

　バブル経済の崩壊によって，銀行は莫大な不良債権を抱えることになった．その処理が遅れたため，銀行の財務状態は急速に悪化していった．それまで銀行は護送船団方式と呼ばれる政策で保護されてきたが，1997年に北海道拓殖銀行が経営破綻すると，次々に銀行が経営破綻に追い込まれていった．1997年には四大証券の1つであった山一証券も経営が破綻した．都市銀行はその後，合併を繰り返し，現在は東京三菱UFJ，三井住友，みずほという3つのメガバンクに集約されている．

　1996年には橋本龍太郎が首相に就任し，1997年には消費税を5％に引き上げたが，これは景気の回復を遅らせる原因となった．その後，自社さ連立政権は解消し，自民党と公明党による連立政権（自公連立政権）が成立する．

　2001年に首相に就任した小泉純一郎は，規制緩和，構造改革などを提唱し，郵便事業の民営化（郵政民営化）を行った．

　2009年に行われた衆議院選挙で，自公連立政権は敗北し，民主党が単独与党になった（鳩山由紀夫首相）．ここに，小選挙区制において，実質的に初めての政権交代が行われた．民主党政権に対する国民の期待は大きかったが，民主党は，2011年3月11日に起こった東日本大震災とそれによる津波，さらに，東京

電力福島第一原子力発電所における事故への対応などにおいて，国民の期待に十分に応えられなかった．さらに，首相が鳩山から，菅直人，野田佳彦とくるくる代わり，次第に国民の支持を失っていった．

　2012年の衆議院選挙で民主党は惨敗し，安倍晋三が率いる自民党が自公連立で政権を回復した（第二次安倍政権）．2015年，自公連立政権はそれまでの自民党政権が憲法違反（違憲）としてきた集団的自衛権を認める法律（安保法制）を成立させた．これは，1947年の日本国憲法施行以来最大の憲法解釈の変更であり，今後の日本の進路に重大な影響を与える可能性が高い．

　バブル崩壊後，平成不況とも呼ばれる長期的な不況が続いた．この間，企業はリストラを続け，また，小泉政権において非正規雇用に関する規制が緩和されたことから，非正規雇用で働く（働かざるを得ない）人の割合が急増し，正規雇用の求人率は低下し，就職氷河期と呼ばれる事態となった．こうして，日本経済はかつての力を失っていったが，バブル崩壊以降のこうした状況を総称して「失われた20年」（当初は「失われた10年」）と呼ぶことがある．

3．歴史とことば

終身雇用，年功序列，成果主義
　日本では，高度経済成長期に終身雇用，年功序列という人事システムが広く採用されていた．このシステムでは，若いときの給料は相対的に安く，仕事量も多いが，年齢を重ねるごとに給料が上がっていくことが保証されていた．長期の住宅ローンを組むことができたり，子どもの高い教育費を負担できたりしたのもこのシステムを前提にしていた部分が大きい．一方，このシステムには人材の流動性を低くし，イノベーションを生みにくいという弊害があることも指摘されている．成果主義は，終身雇用，年功序列を解体し，成果に対してすぐに対価を支払うことを目指す考え方である．この考え方は，人材の流動性を高める肯定的な側面がある一方，長期的な視野に立った計画が行われにくくな

るといった弊害も指摘されている（宇野重規（2010）『〈私〉時代のデモクラシー』岩波新書，pp. 35-39参照）．

リストラ

リストラクチュアリング（restructuring）の略．旧ソ連のゴルバチョフ大統領が提唱した「ペレストロイカ」を英語に訳したものとされる．そして，本来は企業内部のさまざまな体制を変革することを指すが，現在の日本語では，この語は「解雇（首切り）」を意味するのが普通である．

護送船団方式

バブル時代まで日本の銀行は国により手厚く保護されていた．1艘の船（銀行）も沈没（経営破綻）させないということからこの政策を護送船団方式と呼ぶ．

一票の格差

同じ選挙で投票するのに必要な得票数に選挙区ごとに差がある状態を指す．これは日本国憲法に違反するという裁判所の判断が何回も出されているが，根本的な解決は図られていない．

就職氷河期

正規社員としての就職が極めて厳しい状態を指すことばで，求人率の低さを地球の温度が今よりずっと低かった氷河期にたとえたものである．

ガラケー

「ガラパゴス携帯」の略．日本は，NTTドコモが携帯電話でインターネットを利用できるi-modeを世界で初めて開発するなど，当初は携帯電話市場をリードしていた．しかし，その後，海外市場での展開よりも，日本国内での競争に明け暮れ，その間に，韓国や台湾などのメーカーに世界市場のシェアを奪

われた．そのころ日本の携帯電話会社が開発した携帯電話は非常に多機能だがほとんどの機能は使いこなせないということで，海外市場のニーズとかけ離れていた．そうした携帯電話は，ダーウィン（Darwin）が進化論の構想を得たとされるガラパゴス諸島（Galápagos Islands）にちなんで「ガラパゴス携帯」と呼ばれ，日本が世界市場での競争力を失った理由の象徴とされることが多い．

4．重要な読み方，表現

海部俊樹：かいふとしき
宮沢喜一：みやざわきいち
羽田孜：はたつとむ
小沢一郎：おざわいちろう
離党する：りとう
新生党：しんせいとう
細川護熙：ほそかわもりひろ
連立政権：れんりつせいけん
終焉を迎える：しゅうえん(を)むか(える)
村山富市：むらやまとみいち
与党：よとう
容認する：ようにん
小選挙区比例代表並立制：しょうせんきょくひれいだいひょうへいりつせい
中選挙区制：ちゅうせんきょくせい
阪神淡路大震災：はんしんあわじだいしんさい
莫大な：ばくだい
不良債権：ふりょうさいけん
抱える：かか（える）
護送船団方式：ごそうせんだんほうしき
北海道拓殖銀行：ほっかいどうたくしょくぎんこう

経営破綻：けいえいはたん
山一証券：やまいちしょうけん
合併する：がっぺい
橋本龍太郎：はしもとりゅうたろう
解消する：かいしょう
小泉純一郎：こいずみじゅんいちろう
規制緩和：きせいかんわ
構造改革：こうぞうかいかく
提唱する：ていしょう
郵政民営化：ゆうせいみんえいか
敗北する：はいぼく
鳩山由紀夫：はとやまゆきお
民主党：みんしゅとう
東日本大震災：ひがしにほんだいしんさい
津波：つなみ
福島第一発電所：ふくしまだいいちはつでんしょ
期待に応える：きたい(に)こた(える)
菅直人：かんなおと
野田佳彦：のだよしひこ
惨敗する：ざんぱい
安倍晋三：あべしんぞう
率いる：ひき（いる）

憲法違反：けんぽういはん
違憲：いけん
集団的自衛権：しゅうだんてきじえ
　　　　　　　いけん
安保法制：あんぽほうせい
平成不況：へいせいふきょう
非正規雇用：ひせいきこよう

求人率：きゅうじんりつ
就職氷河期：しゅうしょくひょうがき
総称する：そうしょう
終身雇用：しゅうしんこよう
年功序列：ねんこうじょれつ
流動性：りゅうどうせい
弊害：へいがい

COLUMN 27
1989年という年

　1989年は世界中で歴史的な動きが起こった年です．
　日本では，1月7日に昭和天皇が崩御し，1月8日に年号が平成に変わりました．4月からは初めての間接税である消費税が導入されました（3％）．当時日本はバブル経済のまっただ中にあり，この年の年末に日経平均株価は史上最高値（3万8915円）をつけることになります．
　中国では，民主化を求める学生運動を政府が力で鎮圧した天安門事件が起こりました．
　ヨーロッパでは，冷戦の象徴であったベルリンの壁が崩壊し，その後の東西ドイツの統一へとつながっていきます．また，ルーマニアでは独裁者として知られていたチャウシェスク大統領の政権が打倒され，チャウシェスクが処刑されるという出来事もありました．
　こうした大きな出来事が同じ年に集中したのはある意味では偶然ですが，ゴルバチョフがソ連共産党書記長に就任して以来の米ソ間の対話の進展など，そこに至る布石はあったとも言えます．ただし，そうした歴史的な動きを実現させたのは，最終的にはそれぞれの国の民衆の，自由や平和を求める強い意志によるものであったことは言うまでもありません．

成果主義：せいかしゅぎ
対価：たいか
肯定的な：こうていてき
提唱する：ていしょう
解雇する：かいこ
１艘：１そう
解決を図る：かいけつ（を）はか（る）
明け暮れる：あ（け）く（れる）
ガラパゴス諸島：しょとう
天安門事件：てんあんもんじけん
打倒する：だとう
処刑する：しょけい
布石：ふせき
放射能：ほうしゃのう
漏れ出す：も（れ）だ（す）
甚大な：じんだい
に上る：（に）のぼ（る）

を余儀なくされる：（を）よぎ（なくされる）
風化する：ふうか
陸前高田市：りくぜんたかだし
被災する：ひさい
遺影：いえい
拡大解釈する：かくだいかいしゃく
司馬遼太郎：しばりょうたろう
内幕：うちまく
嘘：うそ
手の内を見せる／明かす：て（の）うち（を）み（せる）／あ（かす）
弱み：よわ（み）
放胆な：ほうたん
卑怯な：ひきょう
臆病な：おくびょう

COLUMN 28
東日本大震災と日本のマスコミ

　2011（平成23）年3月11日に起こった東日本大震災では，津波などで2万人以上の人命が失われました．さらに，東京電力福島第一原子力発電所で起こった事故により，大量の放射能が大気中や海水中に漏れ出し，極めて深刻な被害をもたらしました．その被害は甚大かつ継続的で，2015年11月現在でも全国に避難している人の数は約18万7000人に上ります（出典：復興庁調査 http://www.reconstruction.go.jp/topics/main-cat2/sub-cat2-1/20151127_hinansha.pdf，2016年2月10日閲覧）．
　このように，ふるさとを追われ，他の地域での生活を余儀なくされることはつらいことですが，それに追い打ちをかけているのが，震災や原発事故の「風化」です．全国規模の日本のマスコミ

において，震災や原発事故のことが取り上げられることは（NHK を除いて）まれです．やや強い言い方をすれば，日本のマスコミは，震災や原発事故を「なかったことにしよう」としていると言われても仕方がないのではないかと思います．

　これに対して，海外のマスコミの中には震災の被害について伝えているものもあります．例えば，イギリスの雑誌 The Economist の電子版は，陸前高田市で被災した70代の女性が，避難所で生活しなければならず，遺影を飾るための場所もないために，市役所に勤めていて市民を高台に避難させている中で亡くなった息子さんを十分に弔うことができないことがつらいと訴えている，ということを伝えています．さらに，次のように書いています．

Locals ask why the capital is building an ostentatious stadium for the Olympic games in 2020, when the poor and elderly who lost their homes in the tsunami are still not rehoused. Takuya Tasso, governor of Iwate, one of the worst-hit prefectures, says the government is losing interest in the region.

　（東北の地元の人たちは，津波で家を失った貧しい高齢者の家がまだ再建されていない中で，中央政府が2020年のオリンピックのために派手な競技場を作ろうとするのはどうしてなのかと思っている．津波で深刻な被害を受けた岩手県の達増拓也知事は，中央政府は東北地域への関心を失いつつあると述べている）

　こうした，被災者の実態や生活感覚を伝え続けることがマスコミの「義務」なのではないでしょうか．残念ながら，日本のマスコミは，「言論の自由」を守ることには敏感であるとしても，「自由」に必然的に伴う「言論の義務」を果たすことに熱心であるとは言えないようです．

出典：The Economist 電子版
http://www.economist.com/news/asia/21642216-rebuilding-north-eastern-region-tohoku-being-bungled-grinding?fsrc=scn%2Ffb%2Fte%2Fpe%2Fgrindingon　（2016年2月10日閲覧）

COLUMN 29
特定秘密保護法と情報公開

　2013年に特定秘密保護法が制定されました．この法律をめぐっては，「秘密」とされることがらの範囲が拡大解釈されるおそれがあるなどの反対意見が数多く出されました．

　司馬遼太郎という作家がいます（1923-1996）．数多くの歴史小説や随筆で知られる作家で，その歴史観は「司馬史観」と呼ばれることがあります．この司馬史観については，いくつかの批判があります（例えば，中村政則『近現代史をどう見るか——司馬史観を問う』）．そうした批判を踏まえてなお，次に引用する部分は，現在の私たちにとっての1つの指針を語っているように思います．

　内幕をさらけ出すと外国に対して不利だというのは嘘ですね．
（中略）
　政府には政府自身の秘密があるものですが，イギリスの場合は三十年で文書を公開します．アメリカもそうします．そのように政府はある期間は手の内は見せないにしても，何年かすると，手の内を明かす．そういう国というものは，やはり国を誤らないですね．
　どうも日本は非常に秘密主義の国だった．
　特に昭和前期の日本というものは，非常に秘密主義だった．
　悲しいことに，日本はそういう国だった．
　なぜそういう国になったのか．
　弱みを隠し続けたからであります．政府がもっと大胆で放胆で勇気があればいいですね．隠すということは卑怯であり，臆病なのです．（司馬遼太郎『「昭和」という国家』NHK出版）

参考文献
司馬遼太郎（1998）『「昭和」という国家』NHK出版
中村政則（1997）『近現代史をどう見るか——司馬史観を問う』岩波ブックレット

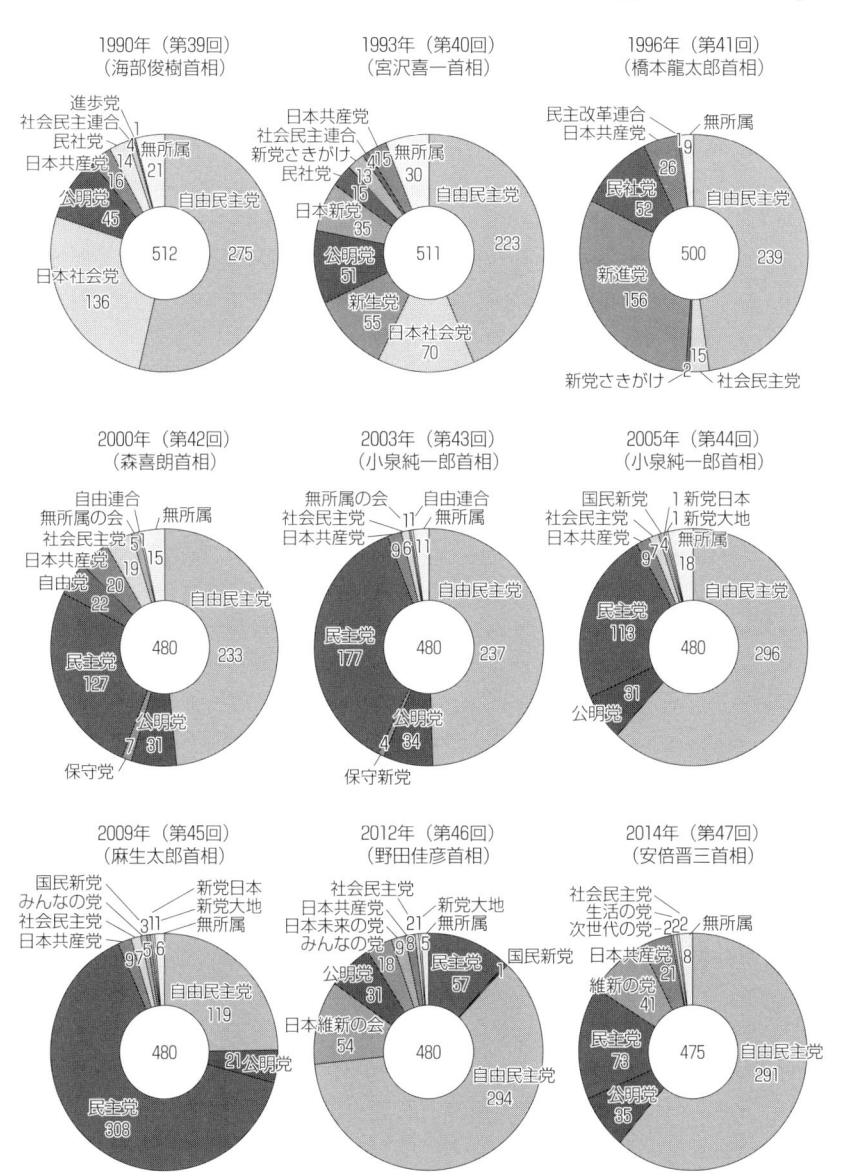

12 「失われた20年」,そして,今　117

1990年（第39回）（海部俊樹首相）
- 自由民主党 275
- 日本社会党 136
- 公明党 45
- 日本共産党 16
- 民社党 14
- 社会民主連合 4
- 進歩党 1
- 無所属 21
- 計 512

1993年（第40回）（宮沢喜一首相）
- 自由民主党 223
- 日本社会党 70
- 新生党 55
- 公明党 51
- 日本新党 35
- 民社党 15
- 新党さきがけ 13
- 社会民主連合 4
- 日本共産党 15
- 無所属 30
- 計 511

1996年（第41回）（橋本龍太郎首相）
- 自由民主党 239
- 新進党 156
- 民主党 52
- 日本共産党 26
- 社会民主党 15
- 新党さきがけ 2
- 民主改革連合 1
- 無所属 9
- 計 500

2000年（第42回）（森喜朗首相）
- 自由民主党 233
- 民主党 127
- 公明党 31
- 保守党 7
- 自由党 22
- 日本共産党 20
- 社会民主党 19
- 無所属の会 5
- 自由連合 1
- 無所属 15
- 計 480

2003年（第43回）（小泉純一郎首相）
- 自由民主党 237
- 民主党 177
- 公明党 34
- 保守新党 4
- 日本共産党 9
- 社会民主党 6
- 無所属の会 1
- 自由連合 1
- 無所属 11
- 計 480

2005年（第44回）（小泉純一郎首相）
- 自由民主党 296
- 民主党 113
- 公明党 31
- 日本共産党 9
- 社会民主党 7
- 国民新党 4
- 新党日本 1
- 新党大地 1
- 無所属 18
- 計 480

2009年（第45回）（麻生太郎首相）
- 民主党 308
- 自由民主党 119
- 公明党 21
- 日本共産党 9
- 社会民主党 7
- みんなの党 5
- 国民新党 3
- 新党日本 1
- 新党大地 1
- 無所属 6
- 計 480

2012年（第46回）（野田佳彦首相）
- 自由民主党 294
- 民主党 57
- 日本維新の会 54
- 公明党 31
- みんなの党 18
- 日本未来の党 9
- 日本共産党 8
- 社会民主党 2
- 新党大地 1
- 国民新党 1
- 無所属 5
- 計 480

2014年（第47回）（安倍晋三首相）
- 自由民主党 291
- 民主党 73
- 維新の党 41
- 公明党 35
- 日本共産党 21
- 次世代の党 2
- 社会民主党 2
- 生活の党 2
- 無所属 8
- 計 475

55年体制の崩壊と政党の乱立（1990年代以降の衆議院選挙の結果）

あとがき
——日本の近現代史を学ぶ意義(2)——

いかがだったでしょうか.

ここでは,「まえがき」で挙げた歴史を学ぶことの意義の2点目,「過去の歴史に学ぶ」について考えてみましょう.

「歴史は繰り返す」ということばがあります.

このことばは,歴史を見ると人間は同じ間違いを繰り返していることがわかる,という意味でよく使われます.人間がそうした過ちを繰り返すものであるとすれば,そうした過ちを少なくするためにはどうすればいいのでしょうか.

答えは,過去の歴史に学ぶことだと思います.つまり,歴史的事実を知ることが重要だということです.

では,現在の日本で,この「過去の歴史に学ぶ」ということは実践されているでしょうか.残念ながら,必ずしもそうであるとは言えません.

日本の人気バンド,サザンオールスターズの「ピースとハイライト」という曲の歌詞にもあるように,日本の中学生・高校生は日本の近現代史の学習に十分時間を費やしているとは言えない現状があります.

現在の日本では,高校までで日本の近現代史が十分に教えられていないと思います.このことは,上で書いた「過去の歴史に学ぶ」という意味で,大きな問題であることは言うまでもありませんが,今盛んに言われている「グローバルな人材」を育てるということからしても,大きなマイナスです.

海外で活躍するときに,英語などの語学力は重要な要素ですが,それ以上に重要なのは,「何を話すことができるか(=話す内容を持っているか)」ということです.自分の国の歴史や,自分の国が外国とどのように関わってきたのかについての知識のない人が,いくら英語が流暢に話せても,外国の人と十分な議論ができるはずがないことは明らかです.

過去の歴史に学ぶことで，これからの方向性が見えるということもあります．
　§10で取り上げたように，日本は高度経済成長期に「公害」という悲劇を経験しました．しかし，§11で見たように，その後，排気ガスや産業廃棄物に対して厳しい排出規制をかける法律を作りました．この当時の状況については，当時の厚生省の公害部公害課の課長補佐として，公害対策基本法改正案，大気汚染防止法改正案など関連14法案の立案に尽力した古川貞二郎氏の証言から知ることができます．古川氏が記しているように，これらの法律を制定したことで，日本が「公害大国」から「環境先進国」に生まれ変わる土台ができ，これらの法律と，その後の「省エネルギー政策」を通して，日本は環境対策において世界で最も厳しい規制を行う国になりました．
　このことは，もちろん当時の経済界から強い反発を受けたわけですが，規制を守った企業に税制上の優遇を与えるなどの政策をとることで，当時の政治家や官僚たちは公害規制の精神を守りました．そして，そのことが，1980年代に日本製品が世界の市場を席巻する基礎を作ったのです．
　こうした歴史に当てはめて考えると，2011年の福島原発事故によって原子力発電が停止した状況は，自然エネルギーへの転換や，電力供給のシステムを作り替える「スマートグリッド」の普及などの形で，新たな産業上の革新（イノベーション）を起こすきっかけになる可能性が十分にあります．そして，そのことに成功すれば，「ガラパゴス化」と言われ，世界市場での占有率（シェア）を大きく落とした日本の産業の国際競争力が再び大きく高まる可能性が高いのです．

　この本は，一橋大学の「一般日本事情」という留学生対象の授業のために書き下ろした内容に加筆修正したもので，1回90分の授業15回で完結することを想定して書かれています．そうしたこともあり，何より，私自身の知識不足のために，この本には内容的に不足している部分がいろいろあると思います．ですから，この本を読んで，日本の近現代史に興味を持ってくださった方は，ど

うぞご自分で専門の本に進んでください.

　一橋大学での授業に参加し，貴重なご意見を聞かせてくださった留学生のみなさんに心から感謝いたします.

　この小著が読者のみなさんの日本理解に少しでも貢献することができれば，著者としてこれに勝る喜びはありません.

　　2016年3月

　　　　　　　　　　　　　　　　　　　　　　　　　　庵　功雄

参考文献
古川貞二郎（2015）『私の履歴書』日本経済新聞社
NHK 時論公論「戦後70年　日本経済　次に進むべき道」（大島春行解説委員 2015年
　1月13日放送）（http://www.nhk.or.jp/kaisetsu-blog/100/207102.html，2016年2
　月4日閲覧）

参 考 文 献

＊年代は全て，現在入手しやすい書籍版の初版時のものとした（この年代は作品の最初の刊行年と一致しない場合がある）．一部の文学作品については，参考のため，青空文庫（著作権フリーの文学作品をテキストファイルとしてインターネット上で公開しているWebサイト）のURLを併記する（全て2016年2月10日閲覧）．なお，平塚らいてうの作品については，底本が特定できないため，原文の刊行年を記している．

『改訂版日本史A』（2013）（2007年3月文部科学省検定済教科書　高等学校地理歴史科用）山川出版社
阿部彩（2008）『子どもの貧困』岩波新書
阿部彩（2014）『子どもの貧困Ⅱ』岩波新書
庵功雄（2013）『日本語教育・日本語学の「次の一手」』くろしお出版
石川啄木（1967）「一握の砂」『日本文学全集12　国木田独歩　石川啄木集』集英社（http://www.aozora.gr.jp/cards/000153/files/816_15786.html）
石橋湛山（松尾尊兊編纂）（1984）『石橋湛山評論集』岩波文庫
井谷泰彦（2006）『沖縄の方言札』ボーダーインク
井上ひさし（1991）『シャンハイムーン』集英社
井上ひさし（2010）『組曲虐殺』集英社
宇野重規（2010）『〈私〉時代のデモクラシー』岩波新書
NHK取材班（2012）『日本人は何を考えてきたのか　明治編——文明の扉を開く』NHK出版
織田正吉（1986）『笑いとユーモア』ちくま文庫
河上肇（1947）『貧困物語』岩波文庫
小林多喜二（2003）『蟹工船』岩波文庫
真田信治（1991）『標準語はいかに成立したか』創拓社
司馬遼太郎（1998）『「昭和」という国家』NHK出版
杉田玄白（1982）『蘭学事始』岩波文庫
高橋貞樹（1992）『被差別部落一千年史』岩波文庫
橘木俊詔・浦川邦雄（2006）『日本の貧困研究』東京大学出版会
田中正造（1979）「直訴状」（幸徳秋水起草，田中正造修正）『田中正造全集　第三巻』岩波書店（http://www.aozora.gr.jp/cards/000649/files/4889_10240.html）
峠三吉（1995）「序」（「にんげんをかえせ」）『新編　原爆詩集』青木書店（http://

www.aozora.gr.jp/cards/001053/files/4963_16055.html）
中江兆民（桑原武夫・島田虔次訳注）（1965）『三酔人経綸問答』岩波文庫
中江兆民（松永昌三編）（1993）『中江兆民評論集』岩波文庫
中原中也（1981）「汚れつちまつた悲しみに」『中原中也詩集』岩波文庫（http://www.aozora.gr.jp/cards/000026/files/894_28272.html）
中村政則（1997）『近現代史をどう見るか――司馬史観を問う』岩波ブックレット
原田正純（1972）『水俣病』岩波新書
原田正純（1985）『水俣病は終わっていない』岩波新書
平塚らいてう（1911＝明治44）「元始女性は太陽であった。――『青鞜』発刊に際して――」（http://www.japanpen.or.jp/e-bungeikan/guest/publication/hiratsukaraiteu.html）
福沢諭吉（1978）『福翁自伝』岩波文庫
福沢諭吉（1978）『学問のすゝめ』岩波文庫
松永昌三（2001）『福沢諭吉と中江兆民』中公新書
三國一郎（1985）『戦中用語集』岩波新書
宮沢賢治（1997）「雨ニモマケズ」『【新】校本宮澤賢治全集　第十三巻（上）覚書・手帳　本文篇』筑摩書房（http://www.aozora.gr.jp/cards/000081/files/45630_23908.html）
山崎今朝弥（森長英三郎編集）（1982）『地震・憲兵・火事・巡査』岩波文庫
吉永小百合編（2000）『第二楽章――ヒロシマの風』角川文庫
吉野作造（岡義武編）（1975）『吉野作造評論集』岩波文庫
魯迅（松枝茂夫訳）（1959）「藤野先生」『朝花夕拾』岩波文庫
渡辺雅男（2007）「１　下流社会」渡辺雅男・渡辺治編『「現代」という環境』旬報社

《著者紹介》

庵　功雄（いおり　いさお）

1967年　大阪市生まれ
1997年　大阪大学大学院文学研究科博士後期課程修了，博士（文学）
現　在　一橋大学国際教育センター教授

主要業績

『「象は鼻が長い」入門──日本語学の父　三上章』（くろしお出版，2003年）
『日本語におけるテキストの結束性の研究』（くろしお出版，2007年）
『日本語教育文法のための多様なアプローチ』（共編著，ひつじ書房，2011年）
『新しい日本語学入門（第2版）』（スリーエーネットワーク，2012年）
『日本語教育，日本語学の「次の一手」』（くろしお出版，2013年）
『「やさしい日本語」は何を目指すか』（共編著，ココ出版，2013年）
「特集「やさしい日本語」研究の研究動向と日本語教育の新展開」『ことばと文字』4号（編著，くろしお出版，2015年）
「「やさしい日本語」研究が日本語母語話者にとって持つ意義──「やさしい日本語」は外国人のためだけのものではない──」『一橋大学国際教育センター紀要』6号，2015年）

留学生と中学生・高校生のための日本史入門
──信長から安保法制まで──

| 2016年3月20日 | 初版第1刷発行 | ＊定価はカバーに |
| 2022年4月15日 | 初版第2刷発行 | 表示してあります |

著　者　　庵　　功　雄ⓒ
発行者　　萩　原　淳　平
印刷者　　江　戸　孝　典

発行所　株式会社　晃 洋 書 房
〒615-0026　京都市右京区西院北矢掛町7番地
電話　075(312)0788番(代)
振替口座　01040-6-32280

ISBN978-4-7710-2719-0

印刷　共同印刷工業㈱
製本　藤沢製本㈱

JCOPY〈(社)出版者著作権管理機構　委託出版物〉
本書の無断複写は著作権法上での例外を除き禁じられています．
複写される場合は，そのつど事前に，(社)出版者著作権管理機構
（電話 03-5244-5088, FAX 03-5244-5089, e-mail: info@jcopy.or.jp）
の許諾を得てください．